APUNTES DE GRAFOSCOPÍA Y DOCUMENTOSCOPÍA UTILIZANDO FOTOGRAFÍAS EN MICROSCOPIO

LIC. RUBÉN LÓPEZ LANDEROS

APUNTES DE GRAFOSCOPÍA Y DOCUMENTOSCOPÍA UTILIZANDO FOTOGRAFÍAS EN MICROSCOPIO

Edición: Morlis Books™
Diseño de Portada: María Elisa Almanza | Barker & Jules Books™
Diseño de Interiores: Carlos A. Rodríguez Gómez | Barker & Jules Books™

Primera edición - 2020

I.S.B.N. | 978-1-64789-077-3
I.S.B.N. eBook | 978-1-64789-078-0

BARKER & JULES, LLC
2248 Meridian Blvd. Ste. H, Minden, NV 89423

www.barkerandjules.com

AGRADEZCO LA COOPERACIÓN, REVISIÓN Y ESTRUCTURACIÓN DE ESTE LIBRO, A MI HIJO, LICENCIADO Y PERITO EN GRAFOSCOPÍA Y DOCUMENTOSCOPÍA
PEDRO CARLOS LÓPEZ SALAZAR

TAMBIÉN AGRADEZCO A MI HIJO,
LICENCIADO RUBÉN LÓPEZ SALAZAR
EL QUE HAYA ESCRITO EL PRÓLOGO

Dedicatoria

A MIS HIJOS
RUBÉN Y SU ESPOSA PAOLA; ADRIANA MARISOL Y SU ESPOSO JAIME; PEDRO CARLOS; MARÍA DEL ROSARIO Y JOSÉ DE JESÚS Y SU ESPOSA YESSI.

A MIS ADORADÍSIMOS NIETOS
PAOLA MARISOL, RUBÉN DAVID (MI ORGULLO), PEDRO ANDRÉS, ÁNGELA REGINA, DARÍO MATEO, RUBÉN EMILIO, RENATA GABRIELA Y JORGE PABLO.

"NO SE DONDE TE ENCUENTRES PAPÁ JUNTO CON MI MAMÁ, PERO SIN SU AYUDA Y SUS CONSEJOS NO HUBIERA PODIDO ESTUDIAR".

"A USTED ABUELITA GENOVEVA, SE QUE AUNQUE NO HA ESTADO CONMIGO FÍSICAMENTE, DESDE EL CIELO ME HA BRINDADO LAS FUERZAS NECESARIAS PARA SEGUIR MIS ESTUDIOS Y LA TERMINACIÓN DE ESTE LIBRO".

A MI ABUELITO REGINO, A MI PADRINO PEPE, MI TÍO ELÍAS Y MI TÍO CHICHO QUE EN VIDA ME LLENARON DE FUERZA Y CONSEJOS PARA ESTUDIAR Y A MI TÍA JULIANA LÓPEZ RUIZ QUE DIOS NOS LA TIENE EN VIDA.

A MIS HERMANOS Y CUÑADAS

GUILLERMO (+) Y MI COMADRE MARGARITA; CARLOS, JOSÉ DE JESÚS Y VIKY; JOSE ALBERTO Y JUANITA; EN ESPECIAL A SAMUEL Y CHAYO Y, MARTÍN Y CARMEN POR HABERME AYUDADO ECONÓMICAMENTE EN MIS ESTUDIOS PERICIALES.

A MIS PRIMOS HERMANOS

ELIAS, VIKY, JOSÉ LUIS, GENOVEVA, JORGE Y DEMÁS LÓPEZ VILLANUEVA, A SUS PAREJAS HIJOS Y NIETOS; JOSÉ Y ALICIA LÓPEZ RIAÑO; LOURDES, CARMEN, CLAUDIA Y JESÚS ANTONIO OLVERA LÓPEZ; GENOVEVA LÓPEZ CABAÑAS.

A MIS SOBRINOS Y SOBRINOS NIETOS

GOYÍN; CLAUDIA Y SU ESPOSO JAIME Y SUS HIJOS SABASTIÁN Y MELISSA; CHUY; VIKY Y SU ESPOSO GABRIEL; MANOLO Y RICARDO; BETO Y SU ESPOSA CHELI Y SUS HIJOS BETÍN, SANTIAGO, JIMENA Y MATÍAS; ROSALÍA; VERO Y SU ESPOSO LUIS; SAMUELÍN Y SU ESPOSA BIANCA Y SUS HIJOS EMILIO Y JULIETA; DALIA Y JOSÉ; HÉCTOR MARTÍN; IVÁN Y MI APRECIADO Y QUERIDO EDGAR.

A MIS COMPADRES

GREGORIO Y AMPARO, A SUS HIJOS NOEMÍ, GEORGINA, GERARDO, HUGO Y EN ESPECIAL A MI QUERIDA AHIJADA MARÍA EUGENIA.

CON TODO AFECTO Y RECONOCIMIENTO AL TÉCNICO EN TORNO LEOPOLDO VÁZQUEZ GONZÁLEZ, QUIEN HIZO LAS ADECUACIONES EN EL MICROSCOPIO Y FABRICÓ LAS LÁMPARAS PARA ILUMINACIÓN.

A MIS AMIGOS

BENJAMÍN, SU ESPOSA MARÍA Y SUS HIJOS OSVALDO, VANESSA Y RICARDO; AL INGENIERO JAIME R. BENÍTEZ PORTILLO Y A SU ESPOSA MARINA Y, A SUS HIJOS Y NIETOS; AL SEÑOR MIGUEL VARGAS A SU ESPOSA SUS HIJOS Y NIETOS.

A LOS LICENCIADOS

GERARDO RUIZ ESPARZA A SU ESPOSA LUPITA SUS HIJAS E HIJOS Y NIETA; JOSÉ LUIS REYNOSO CHEQUI; JOSÉ LUIS ORONA SERMEÑO; NOTARIOS HERBERTO ORTEGA JIMÉNEZ Y JAVIER RAMÍREZ ISUNZA.

Presentación personal

Mi nombre es RUBÉN LÓPEZ LANDEROS, nací el 2 de abril del año 1950, desperdicié parte de mi juventud en pachangas, fiestas, cantinas y otras cosas que no ayudan en la vida, pero gracias a los consejos de mis padres Zacarías López (+) y María Landeros (+), así como de mi tía Juliana hermana de mi papá, comencé a estudiar la secundaria nocturna en el año 1971 cuando tenía 21 años de edad, me gustó el estudio y en el año 1982, terminé la carrera de Licenciado en Derecho, titulándome hasta el año 1985 con la tesis de reimplantación de la pena de muerte, teniendo muchos problemas en la UNAM porque todos los maestros y doctores en materia penal, estaban en contra de la pena de muerte, pero al final aceptaron mi tesis, pena que actualmente muchos mexicanos pediríamos se reimplantara.

Entre las muchas materias que cursé en la universidad, me llamó la atención y me gustó mucho la Criminalística, tanto que hasta llevé la materia de medicina forense.

Posteriormente, comencé a ejercer mi profesión en la ciudad de Aguascalientes y en el mes de febrero del año 1999, supe de un diplomado en Criminalística que se llevaría a cabo en la Universidad Insurgentes y la Academia Mexicana de Ciencias Periciales de la ciudad de México, y asistí a todo el curso, terminando en el mes de diciembre del mismo año, con muchos problemas pues la ida y vuelta cada semana de la ciudad de Aguascalientes, a la ciudad de México, era muy costosa, pero tuve la ayuda de mis hijos y mis hermanos Samuel y Martín a quienes siempre estaré muy agradecido. En el mes de enero del año 2000 ya ejercía como perito en criminalística, teniendo demasiado trabajo, el Supremo Tribunal de Justicia del Estado de Aguascalientes, me enlistó ante los juzgados civiles y penales como perito tercero en discordia. Cuando comencé a trabajar como perito, dos materias de la criminalística me llamaron la atención, la grafoscopía y la documentoscopía, pero sentí que no estaba preparado profesionalmente para rendir dictámenes apegados a la realidad, y que únicamente **les decía** a los jueces el resultado del estudio. Por todo ello, en el año 2001, volví a la misma Universidad y Academia y llevé un diplomado largo en materias de grafoscopía documentoscopía y dactiloscopía con dos súper maestros, el doctor y licenciado CARLOS FRANCISCO JIMÉNEZ DEL PRADO y el técnico en dactiloscopía ELÍAS JESÚS LÓPEZ y como resultado del diplomado comencé a **demostrar** a los jueces con mis peritajes el resultado del estudio pericial.

Posteriormente he asistido a 23 diplomados, entre ellos en Barcelona España en el año 2002, Mendoza Argentina en el año 2003, Rosario Argentina en el año 2004, Córdoba Argentina en el año 2011. En el año 2007 me presenté como disertante en un Congreso en la ciudad de Mendoza Argentina en donde expuse ante peritos internacionales el tema "Toma de fotografías utilizando microscopio", y en el año 2018, también ofrecí una conferencia en la Universidad de Salamanca España, de igual manera ante peritos internacionales.

Entre las autoridades que me han nombrado como perito tercero en discordia se encuentran el Supremo Tribunal de

Justicia del Estado de Aguascalientes; el Tribunal Superior de Justicia del Estado de Zacatecas, el Tribunal Unitario Agrario del Estado de Aguascalientes y los tres de la ciudad de Guadalajara, Jalisco, durante 13 años fui nombrado por las Salas del Tribunal Federal de Justicia Administrativa en las ciudades de Aguascalientes, Celaya, Guanajuato, Querétaro, Morelia, y las tres salas de Guadalajara, Jalisco.

Me ha costado mucho esfuerzo y dinero tratar de ser uno de los mejores peritos, pero lo estoy logrando.

Prólogo

La idea del escritor del presente libro, tiene como finalidad compartir las experiencias que en materias de grafoscopía y documentoscopía ha realizado en el estudio y dictaminación de bastos peritajes rendidos en esas materias, para que por medio de él, los lectores logren en forma fácil, comprender sus demostraciones y se resuelvan las dudas que puedan tener sobre algunos escritos, firmas, o cualquier tipo de alteración o falsedad de algún documento.

Este libro trata de la demostración de dos pruebas que en la actualidad tienen una gran importancia en los procesos judiciales en la República Mexicana y que el autor las analiza por separado, que son la "GRAFOSCOPIA" por una parte, y la "DOCUMENTOSCOPIA" por la otra, ya que son dos materias diferentes aunque ambas tratan de temas parecidos.

En cuanto a la materia de grafoscopía, indica cuales son los requisitos y estudios para presentar un dictamen pericial de acuerdo al fondo del problema que la parte o las partes proponen en el o los cuestionarios ofrecidos. Del mismo modo indica, qué características generales o particularidades morfológicas se deben tomar en consideración de acuerdo al problema que se le planteé, así como las leyes de la escritura o principios de la escritura que se tendrán que aplicar en cada caso. En forma amplia, el autor explica lo relativo a las características generales y particularidades morfológicas, poniendo ejemplos de la forma en que se demuestran las mismas en un dictamen pericial, enunciando además las leyes y principios de la escritura.

En otra parte del libro, el autor se refiere y explica en qué materiales se puede plasmar la escritura y los diferentes tipos de útiles inscriptores que se utilizan para ello.

También se encuentra en forma detallada e ilustrativa el material que se necesita para poder demostrar el estudio que se realiza en un peritaje, refiriéndose a como se toman fotografías con microscopio adaptado para trabajos en grafoscopía, pero en especial a la documentoscopía. Para ello, se indica cuáles son las modificaciones que se debieron hacer al microscopio para que se pudieran tomar las fotografías.

Muy interesante resulta el fragmento del libro en donde el escritor se refiere al tema del porqué la escritura es diferente entre todas las personas y describe la existencia en el cerebro de un archivo de letras, números, signos y todo tipo de formas que el individuo, desde la niñez ha aprendido y que se almacena en una "caja de la escritura" y que la mano escribiente, solo es un instrumento para escribir lo que el cerebro le ordena. Que tomando en consideración, tanto las leyes y principios de la escritura y su experiencia como perito, la escritura de una persona nunca es idéntica, en virtud de que la escritura no proviene directamente de un tipo de acero o de computadora y que al realizar la escritura, la mano se pasa en cualquier sentido de la letra o firma por milímetros.

En el libro, se encuentra la explicación sobre el tipo de falsificaciones que existen, señala la importancia de que en algunos peritajes se tienen que separar las líneas de los movimientos gráficos, tanto de las firmas dubitadas, como de las firmas indubitadas, para una mejor demostración del resultado final del estudio que alimentará a las conclusiones finales. Además, el escritor plasma ejemplos sobre falsificaciones, separación de líneas de movimientos, y otros ejemplos de dictámenes periciales que ha rendido, de acuerdo a su razonamiento y respetando el criterio de otros peritos.

En cuanto a la materia de documentoscopía, el autor establece la importancia de utilizar fotografías utilizando microscopio y asienta ilustraciones sobre cómo se observan las inscripciones de los útiles inscriptores más utilizados en la escritura manuscrita, así como algunas gotas de tinta que suelen expulsar dichos útiles inscriptores por fallas en la bolita de acero llamadas "motas".

En relación al papel, habla de la forma de su fabricación, de la alineación de las fibras del papel ilustrando con fotografías con microscopio, el cuerpo de las mismas y estableciendo diferencias en cuanto a la escritura vertical u horizontal de un útil inscriptor y que sirven para demostrar algunos cruces de líneas, invirtiendo colores para mayor exposición en un peritaje.

Se encuentran ilustradas las diferentes impresiones realizadas por impresoras de inyección de tinta, de láser, de matriz de puntos y de máquinas de escribir, y algunas diferencias entre ellas.

Asimismo, se establece en el libro la gran importancia que existe en utilizar fotografías con microscopio para demostrar lo relacionado a los casos de alteración, para lo cual, también es necesario en algunas ocasiones usar el brazo de metal del microscopio que se encuentra en el tema de MATERIAL UTILIZADO es este libro, en razón a la existencia de documentos grandes y gruesos motivo del estudio, teniendo como ejemplo la fotografía de la alteración de un acta de matrimonio, en la que se metió la parte del libro en la base del microscopio para tomar la fotografía, además se ponen ejemplos de varias alteraciones de peritajes que el autor ha dictaminado.

Para finalizar, el escritor pone ejemplos de falsificaciones en las que es necesario utilizar fotografías con microscopio, pues sin ellas, no existe forma de realizar un estudio pericial demostrativo, y se trata de falsificaciones por calco directo y calco utilizando una computadora e impresora de inyección de tinta, poniendo ejemplos de peritajes que el escritor rindió.

Una vez expuesto lo anterior, considero que este libro puede servir a los peritos para enriquecer en algo sus conocimientos; a los juzgadores para tener ejemplos en sus juicios; a los litigantes al momento de interponer o contestar sus demandas; a los maestros para tener en cuenta lo relacionado al archivo y caja de la escritura y todas las personas interesadas en conocer lo relacionado a la grafoscopía y documentoscopía.

EN HORA BUENA PARA EL AUTOR DEL LIBRO.

LICENCIADO EN DERECHO Y PERITO EN CRIMINALÍSTICA,

GRAFOSCOPÍA, DOCUMENTOSCOPÍA Y FOTOGRAFÍA FORENSE

LIC. RUBÉN LÓPEZ SALAZAR

ÍNDICE

Introducción
GRAFOSCOPÍA Y DOCUMENTOSCOPÍA

¿Por qué existen los peritajes en grafoscopía y documentoscopía?, me preguntaba cuando estudié la carrera de licenciado en derecho y la respuesta la supe cuando estudié criminalística. Es por la razón simple que muchas personas niegan su escritura, firma o un documento con la finalidad de no dar cumplimiento a una obligación, o bien, que otra persona se quiera aprovechar de otra para hacer que cumpla con una obligación que no aceptó y para conocer la verdad, el juzgador necesitará de la actuación de peritos para hacer su juicio.

Recuerdo muy bien las pláticas de mis abuelitos y otras personas sobre los conceptos de responsabilidad que existían anteriormente, cuando los negocios y otras obligaciones como préstamos de dinero o especie, se hacían a la palabra, actualmente todo ello se hace por medio de documentos y aun así el obligado niega su escritura o firma plasmada en algún documento.

Dentro de las materias de grafoscopía y documentoscopía, así como en otras disciplinas, se conoce a los documentos problema como documentos DUBITADOS, en virtud, de que existe la duda sobre si la escritura o firma plasmada en los mismos corresponde o no, a la persona a la que se le atribuyen, o bien, si un documento cuestionado sea original o contenga alguna alteración en el llenado.

Es una escritura o firma INDUBITADA, aquella en la que no existe ninguna duda de pertenecer a la persona que la plasmó, pues se realiza ante una autoridad a la que la ley la reconoce tener fe pública, como son los secretarios de los juzgados o tribunales, notarios públicos y otras personas que como se ha dicho estén autorizadas para dar fe pública.

GRAFOSCOPÍA

Cada vez que realizo un trabajo pericial en materia de grafoscopía estoy más sorprendido y maravillado de la grandeza del cerebro, las formas gráficas y la escritura que cada individuo realiza al escribir, mismas que personalmente he comprobado al realizar mi estudio pericial. Ello se debe a que cada persona tiene dentro del cerebro un archivo de letras que algunos científicos le llaman "Caja de letras del cerebro", que es la acumulación del aprendizaje de escritura que la persona realiza durante sus estudios escolares desde la niñez.

Esas formas gráficas que realiza cada persona, se encuentran ejemplificadas y se dividen en Características Generales y Particularidades Morfológicas (conocidas por otros peritos como Morfología de la Escritura por el criminólogo Javier Orellana Ruiz, Particularidades Gráficas en el quinto principio del maestro Felix El Val Latierro, y otros como Gestos Tipo, Gestos Gráficos, Automatismos o Idiotismos).

Cuando realicé estudios en materias de grafoscopía y documentoscopía en la Academia Mexicana de Ciencias Periciales, curso impartido por el Licenciado Carlos Francisco Jiménez del Prado, nos dictaba apuntes que hacíamos en forma manuscrita y casi al finalizar el mismo, le propuse pasar en limpio en una computadora los apuntes dejando espacios para que él con su experiencia pusiera los ejemplos, tanto de las características generales, como de las particularidades morfológicas y así lo hicimos, siendo algo importantísimo en mis trabajos periciales, porque como me he referido anteriormente, con ellas se demuestran las diferentes formas gráficas que cada cerebro ordena se plasmen en la escritura. Dentro de este libro se ilustran las diferentes características generales y particularidades morfológicas tomando además en cuenta los ejemplos que ilustra JAVIER ORELLANA RUIZ en su libro Tratado de Grafoscopía y Grafometría. "El Peritaje" (su procedimiento y su proyección legal).

Siempre he sostenido de acuerdo a varios dictámenes que he realizado, que aun cuando pasen los años alguna grafía de la persona en particular va a existir durante su vida como resultado del archivo que se guarda en el cerebro, por ello, no estoy de acuerdo en que para realizar un dictamen sea necesario tener a la vista documentos coetáneos (documentos indubitados sobre la misma fecha de los documentos dubitados), y en el desarrollo de este libro, en el lugar correspondiente al tema, se encuentran algunos ejemplos de peritajes que he realizado sobre ello.

Asimismo, a través de mis estudios periciales tanto nacionales como internacionales, fui haciendo apuntes y notas importantes de las explicaciones de cada exponente, con la finalidad de presentar de la mejor forma mis dictámenes periciales, porque no es lo mismo **decirle** al juzgador el resultado del estudio pericial, que **demostrarle y comprobarle** al juzgador el resultado del estudio pericial. En este libro, también muestro los pasos que desarrollo para realizar un peritaje con el objetivo de que el juzgador, al momento de hacer sus consideraciones y juicio sobre el mismo, tenga los elementos necesarios y no le implique hacer estudios grafoscópicos.

Del mismo modo, expondré varios casos en los que he intervenido como perito en relación a falsificaciones y simulaciones, respetando la opinión de otros peritos, ya que al final será el juzgador quien valore los trabajos de cada perito. A este respecto, también hago referencia de que existen falsificaciones en la que es necesario aplicar conjuntamente la grafoscopía y la documentoscopía, porque debe utilizarse fotografía con microscopio, como los ejemplos que expongo en casos de falsificaciones por calco directo y calco utilizando impresora de inyección de tinta a color.

DOCUMENTOSCOPÍA

En materia de documentoscopía mostraré la inminente necesidad de tomar fotografías utilizando microscopio, en virtud, de que es la forma más adecuada para demostrar que un documento cuestionado contiene alteraciones, borrados u otra forma de cambiar las obligaciones que las partes hayan adquirido al firmar algún documento.

Con la finalidad de tener antecedentes al momento de comenzar el estudio pericial, en el presente libro se ilustrarán con ayuda del microscopio, las diversas impresiones conocidas, es decir, tanto manuscritas, o utilizando computadora e impresoras, o máquinas de escribir mecánicas o eléctricas.

Asimismo, presentaré cómo se encuentra fabricado el papel que se utiliza generalmente en la escritura, haciendo hincapié de cómo se encuentran alineadas las fibras del papel, las que tienen gran importancia en los dictámenes periciales.

Se pondrán ejemplos de diferentes alteraciones y de falsificaciones por calco directo o utilizando impresoras de inyección de tinta, estas conjuntamente con la grafoscopía.

Una vez que se han hecho las explicaciones sobre los temas de este libro, hago valer cuales son los fines del mismo:

EN CUANTO AL JUZGADOR.- Tener los elementos necesarios que discurra a su facultad de resolución, le puedan servir en sus consideraciones.

EN CUANTO A LOS PERITOS.- Alguna parte que les ayude a enriquecer sus peritajes, ya que en lo personal, los estudios que he realizado en materias de grafoscopía y documentoscopía, así como algunos peritajes rendidos por otros peritos, me han ayudado a demostrar el resultado de mis dictámenes

EN CUANTO A LOS ABOGADOS Y ESTUDIANTES DE DERECHO.- El poder realizar una defensa de sus asuntos, teniendo a la vista los ejemplos expuestos en este libro.

EN CUANTO A LOS MAESTROS.- Desde los principios escolares, medios o profesionales, cuando se compruebe la importancia de enriquecer el archivo de escritura que se encuentra en el cerebro de todos sus alumnos y que la caja de la escritura del mismo esté lo más compactada posible, porque de ahí parte la sabiduría de las personas.

DIFERENCIA ENTRE GRAFOSCOPÍA Y DOCUMENTOSCOPÍA

Como principio, quiero establecer una diferencia entre las materias de grafoscopía y documentoscopía, en virtud de que existe una confusión al ofrecerse como pruebas por algunos abogados. En muchas ocasiones se ofrece como prueba la grafoscopía y se hacen preguntas en materia de documentoscopía, como "Que diga el perito, si la firma fue plasmada en forma manuscrita o se utilizó algún medio material o eléctrico para plasmarla", o bien, se ofrece la prueba en documentoscopía y se acompaña un cuestionario con preguntas en grafoscopía como "Que diga el perito, si la firma que se encuentra suscrita en el documento base de la acción, pertenece a tal persona". Como perito doy contestación a esas preguntas después de haber realizado el estudio pericial, pero esas preguntas deberían formularse en materia especial, bien en grafoscopía o en documentoscopía.

La diferencia que he encontrado entre la grafoscopía y la documentoscopía es la siguiente:

La Grafoscopía estudia la **escritura manuscrita** de letras, números, palabras, firmas, signos y todo lo que sea escrito por la mano u otro miembro del cuerpo.

La documentoscopía estudia los documentos cuestionados escritos en forma diferente a los manuscritos, como las impresiones por máquinas mecanográficas manuales o eléctricas, impresoras de inyección de tinta o de láser, offset y cualquier otro tipo de impresiones, alteraciones en documentos, falsificaciones realizadas con instrumentos mecánicos o eléctricos, en los que para la demostración, es necesario que el perito tome fotografías utilizando microscopio y otros instrumentos de ayuda.

Por lo anterior, este libro se divide en dos partes, en la primera de ellas se analizará lo que respecta a la grafoscopía, y en la segunda parte lo relacionado a la documentoscopía, ya que cada materia tiene métodos de estudio diferentes.

PRIMERA PARTE

GRAFOSCOPÍA

Capítulo I
DEFINICIÓN DE GRAFOSCOPÍA

La grafoscopía se deriva de los vocablos griegos;
GRAPHOS= Escritura
SKOPEIN= Estudio[1]*, examen, observación.*

Por lo anterior, la grafoscopía estudia la escritura.

Ahora bien, es necesario distinguir dos diferentes formas de realizar la escritura, la manuscrita y la impresa utilizando máquinas de escribir, impresoras o cualquier otra forma de impresión. Por ello la grafoscopía estudia únicamente la escritura manuscrita.

En cuanto a las consideraciones sobre si la grafoscopía es una ciencia, una disciplina o una técnica, existen demasiadas opiniones de los estudiosos y peritos sobre esta materia, en lo particular pongo todo mi profesionalismo como perito en grafoscopía y también en documentoscopía, siempre tratando de demostrar los resultados obtenidos en todos los peritajes en que se me nombra, como si se tratara de una ciencia.

Analizar cientos de criterios diferentes, resultaría llenar cientos de hojas y el objeto de este libro es señalar las experiencias vividas como perito e ilustrarlas.

---

[1] Academia Mexicana de Ciencias Periciales, S.C., Curso de Actualización Pericial PGJ-Chiapas 2003. Antecedentes Históricos de la Escritura. Ponente: Lic. Carlos Francisco Jiménez Del Prado Cargado por Ichm. Disponible en: https://es.scribd.com/doc/14745622/GRAFOSCOPIA-Y-DOCUMENTOSCOPIA

En materia penal, la grafoscopía forma parte de la CRIMINALÍSTICA, y se le denomina como grafoscopía forense.

OBJETIVO DE LA GRAFOSCOPÍA.

Realizar un estudio grafoscópico para dictaminar:

a.- Si la escritura o firma plasmada en un documento pertenece o no al puño y letra de la persona a quien se le atribuye;

b.- Cuál es el origen gráfico de una escritura o de una firma;

c.- Si la escritura plasmada en un documento, fue llenado por el puño y letra de una misma persona o intervinieron varias.

Capítulo II
ESCRITURA

La escritura es un movimiento voluntario que tiene predominio del subconsciente gráfico con representación de una lengua, por medio de signos trazados o grabados sobre un soporte plano[2].

Con motivo de mi trabajo, al analizar la escritura plasmada en los diferentes documentos motivo de mis peritajes, como han sido pagarés, contratos, recibos y otro tipo de escritos, al analizar las letras, números y firmas, entré a un mundo maravilloso e interesantísimo al observar que la escritura de cada una de las personas tiene particularidades morfológicas o gráficas que repite de manera muy parecida en cada una de sus escrituras, aunque no idéntica, pues nunca una escritura o una firma será idéntica a otra. Las particularidades morfológicas de una persona, serán siempre diferentes a las de otras personas.

De acuerdo a los estudios realizados en materia de grafoscopía y, tomando en consideración las leyes y principios de la escritura de SOLANGE PELLAT y FELIX DEL VAL LATIERRO respectivamente, así como otros autores, se llega a la conclusión de que la escritura proviene del cerebro, quien ordena a la mano escribiente (que solo es un instrumento), cómo debe realizar la escritura que se pretende plasmar, ya sean letras, números, firmas o signos.

[2] Fuente disponible en: https://es.scribd.com/document/95811162/La-escritura-es-un-sistema-grafico-de-representacion-de-una-lengua. Cargado por Andy Andreina Fontalvo Colmenares

Motivado para explicar, realizar y demostrar mis dictámenes periciales lo más científicamente posible, me di a la tarea de investigar del por qué y en qué parte del cerebro se encuentra la escritura, encontrando lo siguiente: de acuerdo a Dehaene Stanislas, existe una región del cerebro que almacena la escritura desde que la persona tiene conocimiento de la misma. La "caja de letras del cerebro" localizada en la región occipital temporal izquierda identifica la forma visual de los hilos de las letras.

CAJA DE LETRAS DEL CEREBRO[3]

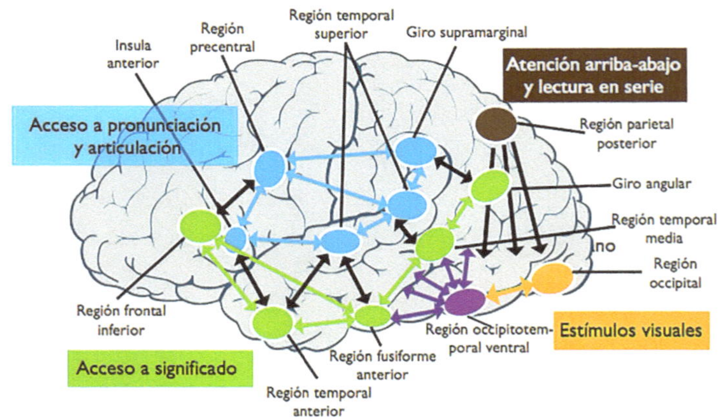

Area de la forma visual de las palabras ("Caja de letras del cerebro")

---

[3] Dehaene, Stanislas. (2009). Reading in the Brain. Estados Unidos: Penguin Viking: (Traducción libre). Disponible en: http://cnbguatemala.org/wiki/Aprendizaje_de_la_Lectoescritura/Parte_I._La_lectura/El_cerebro_y_la_lectoescritura

Ahora bien, de acuerdo al neurólogo alemán Korbinian Brodmann[4], la corteza cerebral en el humano se encuentra dividido por 52 áreas o regiones, y cada una tiene una función diferente. A continuación se ilustra lo relacionado al área principalmente de la visualización[5] relacionada e involucrada directamente a la escritura, y en coincidencia con los estudios de Dehaene Stanislas:

ÁREAS DE BRODMANN

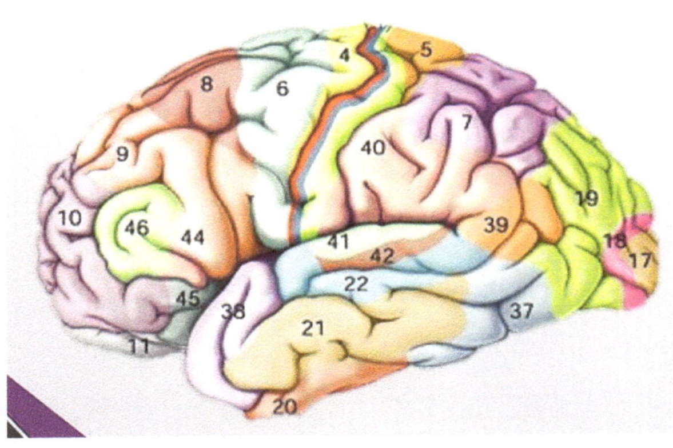

[4] Korbinian Brodmann, Brodmann's 'Localisation in the Cerebral Cortex', Smith- Gordon, Lóndres, Reino Unido, 1909/1994. ISBN 1-85463-028-8. Traducción al inglés por Laurence Garey de la versión en alemán. Disponible en: https://es.slideshare.net/JuAnJoSePabonVR/korbinian-brodman-52-areas-del-cerebro

[5] Corteza Visual Primaria (área 17) • Área 17 de Brodmann Corresponde al giro calcarino en la corteza occipital. Su obviada función es la que nos permite conocer el mundo desde la perspectiva de las imágenes. • Sus daños pueden producir pérdida de la visión en la mitad contralateral del campo de visión (emanopsia homónima) o cuadrantanopsia (perdida de solo un cuarto del campo de la visión). • La estimulación de esta corteza ocasiona alucinaciones visuales a manera de destellos brillantes.

Corteza Visual Secundaria (área 18 y 19) • Corresponde a las áreas 18 y 19 al igual que la Corteza Visual Primaria se organiza a nivel retinotópico. • Sus daños producen efectos variados e incluyen desde incapacidad para reconocer rostros familiares (prosopagnosia) hasta perdida del color en ciertas partes del campo de la visión. • Su estimulación evoca alucinaciones visuales realistas.

En este libro, no entraré más profundo a conocer y explicar sobre las funciones que cada parte del cerebro realiza, en virtud de que lo importante, es que consigo resolver mis dudas del porqué cada persona tiene una escritura parecida en las letras, números, firmas, signos o demás que realiza y ello se debe a que el cerebro le dio las formas que quiso y posteriormente las repite cada que las escribe.

El por qué existen diferencias entre la escritura de una persona y las otras, es por la razón de que la escritura de cada individuo, proviene de archivos diferentes en relación a los demás individuos.

ESCRITURA EN DIVERSOS DOCUMENTOS.

La escritura se puede realizar sobre documentos de diferentes materiales como pueden ser papel, piedra, paredes de cuevas, arcilla, cerámica, madera, tablillas de cera, corteza de árboles, huesos, metales, papiro, pergamino y otros materiales en donde se pueda realizar escritura.

ESCRITURA MANUSCRITA.

Es la escritura que se realiza en forma manual.

ESCRITURA MECANOGRÁFICA.

Es la escritura que se realiza utilizando máquinas mecanográficas de tipos y que pegan directamente en el papel.

ESCRITURA POR IMPRESORAS.

Es la escritura que se realiza utilizando computadoras, pudiendo ser por medio de impresoras ya sea de inyección de tinta o de láser, ambas a color o blanco y negro, actualmente es el sistema más utilizado en impresión de escritura mecánica.

ESCRITURA EN DOCUMENTOS NOTARIALES.

Esta clase de escritura es muy diferente a todas las demás, en virtud de que la escritura se realiza en una hoja y posteriormente por medio de líquido gel, lo escrito se pasa al libro correspondiente por lo general con tinta morada o lila.

ESCRITURA EN SERIGRAFÍA.

La serigrafía es una técnica de impresión empleada en el método de reproducción de documentos e imágenes sobre cualquier material, y consiste en transferir una tinta a través de una malla tensada en un marco, el paso de la tinta se bloquea en las áreas donde no habrá imagen mediante una emulsión o barniz, quedando libre la zona donde pasará la tinta[6].

Las impresiones serigráficas pueden detectarse porque cada color tiene cierto relieve, y en los contornos de las imágenes de trazado, como los textos, si los aumentamos, aparecerán con una forma que recuerda a los dientes de una sierra[7].

En el apartado correspondiente al tema de Documentoscopía, se hará la ilustración de cada escritura porque se ejemplificarán con fotografía utilizando microscopio.

---

[6] Lajo Pérez, Rosina (1990). Léxico de arte. Madrid - España: Akal. p. 187. Disponible en: https://books.google.es/books/about/L%C3%A9xico_de_arte.html?id=riUcu5H9zVMC

[7] Evolución de la Serigrafía. Publicado por Unknown en 15:06. Sábado, 11 de agosto de 2012. Disponible en: https://evoluciondelaserigrafia.blogspot.com/2012/08/algunos-productos-que-se-pueden.html

Capítulo III
DOCUMENTO Y ÚTILES INSCRIPTORES

DEFINICIÓN DE DOCUMENTO.

El documento es todo aquello que nos trasmite un mensaje ya sea escrito, grabado, fotografiado, fotocopiado, impreso, videofilmado, microfilmado o manuscrito, entre otros[8].

MATERIAL DE LOS DOCUMENTOS.

Los documentos no están fabricados únicamente como se conoce en papel, sino que como dice la definición "son cualquier tipo de soporte y estos pueden ser como se ha dicho en el tema de la escritura, que pueden ser de: PIEDRA, PAREDES DE CUEVAS, ARCILLA, CERÁMICA, MADERA, TABLILLAS DE CERA, CORTEZA DE ÁRBOLES, HUESOS, METALES, PAPIRO, PERGAMINO y otros materiales en donde se pueda realizar escritura".

DEFINICIÓN DE ÚTILES INSCRIPTORES.

El útil inscriptor es el instrumento u objeto con el que se suscribe un documento, pudiendo ser lápiz, bolígrafo, pluma fuente, lapicero, con punta de fierro, lápiz labial, los dedos, etcétera[9]. Entre los más utilizados se encuentran bolígrafo

---

[8] Grafoscopía y Documentoscopía. Criminalística en línea. Junio 08, 2017. Derechos reservados de Consuelo Benítez S. Disponible en: https://criminalisticaenlinea.blogspot.com/2017/06/grafologia-y-documentoscopia.html

[9] Centro de Estudio Superiores de Jalisco. CEDE JALISCO. Diplomado en Criminalística, Módulo: Grafoscopía y Documentoscopía. Disponible en: https://studylib.es/doc/8398941/www.cedejal.com-tel.--0133--3826.2685

de tinta de aceite, bolígrafo de gel, bolígrafo rollerball, plumas estilográficas o fuentes, lápices con puntas de grafito, portaminas.

En la parte de documentoscopía, se hará la ilustración de cada útil inscriptor ya que se ejemplificarán con fotografías utilizando microscopio.

Capítulo IV
LEYES Y PRINCIPIOS DE LA ESCRITURA

LEYES DE LA ESCRITURA[10].

SOLANGE PELLAT.- Perito francés, en el año 1927 escribió las Leyes de la escritura en su libro "Les lois de l´escriture" y son independientes del alfabeto utilizado y válidas para todos los idiomas.

PRIMERA. LEY DEL IMPULSO CEREBRAL.- *El gesto gráfico está sometido a la influencia inmediata del cerebro, el órgano que escribe, no modifica la forma de aquélla si funciona normalmente y está lo bastante adaptado a su función.*

SEGUNDA. LEY DE LA ACCIÓN DEL "YO".- *Cuando uno escribe, el "yo" está en acción, pero el sentimiento, caso inconscientemente de esta actuación, pasa por alteraciones continuas de intensidad y debilidad, adquiere el máximo de intensidad cuando tiene que realizar un esfuerzo, es decir, en los comienzos y el mínimo cuando el movimiento de la escritura viene secundado por el impulso adquirido o sea en los finales.*

TERCERA. LEY DE LA MARCA DEL ESFUERZO.- *No se puede modificar voluntariamente en un momento dado la escritura natural, más que dejando en su trazado la señal del esfuerzo realizado para lograr el cambio.*

[10] Solange Pellat, Edmund. "Les lois de l´escriture". París, Francia. Libraire Vuibert, 1927".

***CUARTA. LEY DEL MENOR ESFUERZO.-** El que escribe en circunstancias en que el acto de escribir es particularmente difícil, traza instintivamente o bien forma letras que le son más habituales o bien, formas más sencillas y fáciles de construir.*

***QUINTA. LEY DEL MENOR ESFUERZO.-** Cada individuo posee una escritura que le es propia y que se diferencia de los demás.*

PRINCIPIOS DE LA ESCRITURA[11].

FÉLIX DEL VAL LATIERRO, perito que en el año 1956 estableció los principios científicos en que se apoya la Grafotecnia, conocidos como decálogo o principios de la escritura y son los siguientes:

***PRIMER PRINCIPIO.-** "EL ALMA Y EL GRAFISMO ESTÁN EN RELACIÓN PERMANENTE DE CAUSA Y EFECTO".*

***SEGUNDO PRINCIPIO.-** "EL ALMA ES UN COMPLEJO INFINITO Y ASÍ COMO NO HAY DOS ALMAS IGUALES, NO EXISTEN DOS GRAFISMOS IGUALES".*

***TERCER PRINCIPIO.-** "EL COMPLEJO ANÍMICO SE MODIFICA POR EL COMPLEJO FISIOLÓGICO".*

***CUARTO PRINCIPIO.-** "LOS ESTADOS DE CONCIENCIA PASAJEROS REPERCUTEN EN EL GRAFISMO".*

---

[11] Del Val Latierro, Felix. Grafocrítica, el documento, la escritura y su proyección forense. Tecnos 1956 y 1963.

QUINTO PRINCIPIO *"LA ESCRITURA ES ESENCIALMENTE EVOLUTIVA, PERO CON PREDOMINIO POSTERIOR CASI ABSOLUTO DEL SUBCONSCIENTE, LO QUE EXPLICA LA PERMANENCIA Y FIRMEZA DE LAS PARTICULARIDADES GRÁFICAS".*

SEXTO PRINCIPIO.- *"NO SE PUEDE DISIMULAR SIMULTÁNEAMENTE A TODOS LOS ELEMENTOS DE LA ESCRITURA, NI SIQUIERA LA MITAD DE ELLOS".*

SÉPTIMO PRINCIPIO.- *"POR MUCHO QUE PRETENDA EL FALSIFICADOR O EL DISIMULADOR, ES IMPOSIBLE EN ESCRITOS EXTENSOS, QUE EL SUBCONSCIENTE NO LE JUEGUE ALGUNA MALA PASADA, REVELANDO LA VERDADERA PERSONALIDAD DEL ESCRITO FALSIFICADO O DISIMULADO".*

OCTAVO PRINCIPIO.- *"NO SE PUEDE DISIMULAR LA PROPIA GRAFÍA SIN QUE SE NOTE EL ESFUERZO DE LA LUCHA CONTRA EL SUBCONSCIENTE".*

NOVENO PRINCIPIO.- *"NO TODOS LOS SIGNOS GRÁFICOS TIENEN EL MISMO VALOR, LOS MAS IMPORTANTES SON AQUELLOS POCO APARENTES, PUES SON LOS QUE SE ESCAPAN, LO MISMO EN LA FALSIFICACIÓN QUE EN EL DISIMULO".*

DÉCIMO PRINCIPIO.- *"EL COMPLEJO ANÍMICO Y LA TONALIDAD GENERAL FISIOLÓGICA, DEFINE Y DETERMINA LA FISONOMÍA DEL ESCRITO, INDEPENDIENTEMENTE DEL ÓRGANO QUE LA EJECUTA, SI ESTÁ ADAPTADO A LA FUNCIÓN (DERECHO, ZURDO, CON LOS PIES, CON LA BOCA O CON EL CODO)".*

Capítulo V

CARACTERÍSTICAS GENERALES DE LA ESCRITURA[12]

¿QUE SON LAS CARACTERÍSTICAS GENERALES?

Son los automatismos fijados en el subconsciente. Se refieren a la forma en que el individuo al realizar la escritura se posesiona del documento, guardando márgenes y demás formas de sus trazos.

ALINEAMIENTO BÁSICO.

Es la colocación de los elementos (grammas o letra) de una palabra que tienen respecto a un recta referencia, que va del punto más bajo de las letras de izquierda a derecha y hasta el último elemento de la palabra, sin tomar en cuenta las rebasantes, es decir, se toma en consideración la primera letra con la última letra.

REGULAR

Caligrafía

RECTO U HORIZONTAL

Caligrafía

IRREGULAR O IMBRINCADO

Caligrafía

ESCALONADO

Caligrafía

[12] La fuente de las definiciones y conceptos de este capítulo, es la siguiente: Academia Mexicana de Ciencias Periciales, S.C., Curso de Actualización Pericial PGJ-Chiapas 2003. Antecedentes Históricos de la Escritura. Ponente: Lic. Carlos Francisco Jiménez Del Prado Cargado por Ichm. Disponible en: https://es.scribd.com/doc/14745622/GRAFOSCOPIA-Y-DOCUMENTOSCOPIA

CONVEXO

CÓNCAVO

MIXTO O SINUOSO

PRESIÓN MUSCULAR.

Es la fuerza con que se ejerce el útil inscriptor sobre el soporte. Se estudia en la presencia de trazos apoyados, sutiles o cuando los hay carentes de matices. Puede ser apoyada, media y sutil o débil. En la apoyada, se pueden observar "motas".

APOYADA

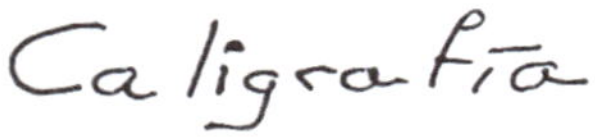

BRISADA O INTERRUMPIDA

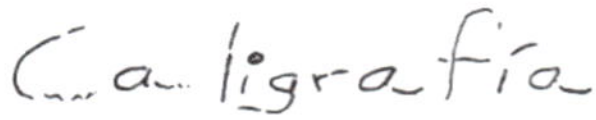

EMPASTADA

FINA O LIGERA

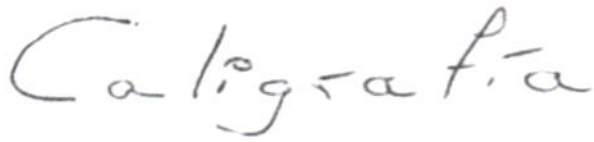

FIRME O MATIZADA

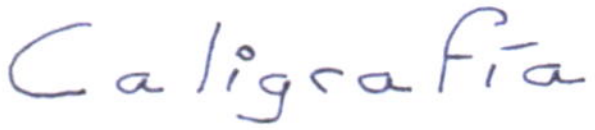

FUSIFORME O INFLADA

PESADA (CARENCIA DE FINOS)

PROPORCIÓN DIMENSIONAL.

En grafoscopía se refiere al tamaño o dimensión que guarda la escritura, variando de persona a persona y en función de la edad, habilidad escritural, o la disponibilidad del espacio.

ESCRITURA PEQUEÑA

MIDE DE O A 5 MILÍMETROS

caligrafía

ESCRITURA MEDIANA

MIDE DE .5 A 1 CENTÍMETRO

caligrafía

ESCRITURA GRANDE

MIDE MAS DE 1 CENTÍMETRO

caligrafía

ESCRITURA DECRECIENTE O DESCENDENTE

AQUELLA QUE COMIENZA GRANDE Y TERMINA PEQUEÑA

Caligrafía

ESCRITURA ASCENDENTE

AQUELLA QUE COMIENZA PEQUEÑA Y TERMINA GRANDE

caligrafía

PROPORCIÓN DIMENSIONAL (2).

ESCRITURA ACORTADA

LETRAS SOBRESALIENTES BAJAS MÁS CORTAS QUE LO NORMAL

Caligrafía

ESCRITURA ALARGADA

LETRAS SOBRESALIENTES MAS LARGAS DE LO NORMAL

caligrafía

ESCRITURA AMONTONADA

POCO ESPACIO ENTRE LAS LETRAS

caligrafía

ESCRITURA ANCHA

Caligrafía

ESCRITURA APRETADA

RENGLONES MUY JUNTOS

Caligrafía
Caligrafía
Caligrafía

ESCRITURA CONDENSADA

PALABRAS MUY JUNTAS

CaligrafíaCaligrafíaCaligrafía

ESCRITURA EMPOTRADA

Caligrafía

ESCRITURA ESPACIADA

Caligrafía

Caligrafía

PROPORCIÓN DIMENSIONAL (3).

ESCRITURA ESPARCIDA

c a li g r a fi a

ESCRITURA ESTRECHA

caligrafia

LETRAS CORTAS
MÁS ALTAS QUE ANCHAS

caligrafia

ESCRITURA PROLONGADA
O ENRAIZADA

caligrafía coqueta

ESCRITURA EXTENDIDA
PALABRAS MUY SEPARADAS

Caligrafía Caligrafía Caligrafía

ESCRITURA REBAJADA
SOBRESALIENTES MÁS
CORTAS QUE LO NORMAL

caligrafía

ESCRITURA SOBREALZAMAS
SOBRESALIENTES MÁS
LARGAS QUE LO NORMAL

caligrafía

CRECIENTE

caligrafía

DECRECIENTE

Caligrafía

DIRECCIÓN.

En relación con los márgenes superior e inferior.

ASCENDENTE **DESCENDENTE**

caligrafía Caligrafía

TRAZOS EN TODAS DIRECCIONES

Caligrafía

SERPENTIFORMA

ONDULTACIÓN AMPLIA EN LA BASE DE LA CAJA

QUE ABARCA VARIAS PALABRAS

La grafoscopía es una ciencia que estudia la...

SINUOSA

ONDULACIÓN BREVE DE LA CAJA DEL RENGLÓN DENTRO DE CADA SÍLABA

Caligrafía

PROMEDIO DE INCLINACIÓN.

Se calcula de acuerdo o considerando su eje vertical

(no se expresa en número, ni en grados).

ERGUIDA O VERTICAL

caligrafía

HACIA LA DERECHA

caligrafía

HACIA LA IZQUIERDA

caligrafía

MIXTA

caligrafía

CONTORSIONADA

RETORCIMIENTO DE LOS TRAZOS MAGISTRALES

Mamá Papá

CALIDAD O TENSIÓN DE LÍNEA.

Firmeza con la que se trazan las letras o escritura.

BUENA O FIRME

MALA, TORPE O FLOJA

REGULAR

CALIGRAFIADA

ABREVIADA

CALIGRÁFICA

CONFUSA
DIFÍCIL LECTURA

CLARA
FÁCIL LECTURA

ESPACIOS INTERLINEALES.

Espacios que se observan entre palabra y palabra.

AMPLIOS

UN DEDO O MAS DE 1 CENTÍMETRO

MEDIANOS

DE 5 MILÍMETROS A 1 CENTÍMETRO

Caligrafía Caligrafía

CORTOS

MENORES A 5 MILÍIMETROS

Caligrafía Caligrafía Caligrafía

MIXTOS

CONTEMPLAN COMBINACIÓN DE LOS ANTERIORES

Caligrafía Caligrafía Caligrafía

ENLACES INTERGRAMATICALES.

Espacios que existen entre letra y letra o gramma y gramma.

ENLACE INTENSO O AGLUTINADO

CUANDO SE ENCUENTRAN COMPLETAMENTE UNIDAS LAS LETRAS

Caligrafía

ENLACE AGRUPADO O SILÁBICO

SE ENLAZAN LAS LETRAS POR SÍLABAS DOS TRES O MAS LETRAS

Ca li gra fía

ENLACE DESLIGADO

CUANDO LAS LETRAS ESTÁN SEPARADAS

ENLACE DIVERGENTE

CUANDO ARBITRARIAMENTE SE ENLAZAN O NO LAS LETRAS

ENLACES INTERGRAMATICALES (2).

ENLACE ANORMAL

ENLACES RAROS (TILDES Y SIGNOS CON LA LETRA SIGUIENTE)

ENLACE LIGADO

ENLAZA TODAS O LA MAYORIA DE LAS LETRAS

ENLACE PORCIONADO

CUANDO NI SIQUIERA LIGA LOS TRAZOS CONSTITUTIVOS DE UNA MISMA LETRA

ENLACE YUXTAPUESTO

CADA LETRA VA POR SEPARADO

VELOCIDAD DEL TRAZADO.

Es la rapidez o velocidad que imprime la persona al realizar su escritura. Se puede determinar la rapidez en el trazado de la escritura, cuando esta no presenta detenciones, los espacios entre letras son amplios y su realización es poco cuidada. Las tildes y los acentos están adelantados, si es precipitada no coincidirán con sus letras y se ubicarán los tildes y los acentos sobre las letras. Los espacios se amplían y las terminaciones son discontinuas o filiformes. Si la velocidad es lenta, existen detenciones, en ocasiones aparecen retoques, los espacios entre letras son casi regulares o uniformes, las tildes y los acentos se encuentran correctamente ubicados.

RÁPIDA

ESPACIOS AMPLIOS, ABREVIADA ASCENDENTE,

FINA, LIGADA, SOBRIA

Ca. ligra Fia

LENTA O CONTENIDA

ESPACIOS DISMINUIDOS, CALIGRAFIADA, DESLIGADA

ORDENADA, PESADA, TEMBLONA O TITUBEANTE

Caligra fía

PRECIPITADA

DESIGUAL, FILIFORME, INACABADA, ENLACES ANORMALES

Caligrafía

VELOCIDAD DEL TRAZADO (2).

REPOSADA

GRANDE, PROPORCIONADA, ORDENADA,

BIEN PUNTEADA, MATIZADA O PERFILADA

TEMBLONA

TEMBLOR POR CUALQUIER CAUSA

TITUBEANTE

FRECUENCIA DE PARADAS INDEBIDAS

ESCRITURA CUIDADA

BIEN HECHA O TÉRMINO MEDIO,

LA PERSONA CUIDA SU CALIGRAFÍA

HABILIDAD ESCRITURAL.

Esta característica presenta relación con la velocidad, sin que por ello puedan existir escrituras lentas que tengan gran habilidad.

TORPE

HÁBIL

caligrafía

MUY HÁBIL

Francisco Caligrafía

NÚMERO DE MOMENTOS GRÁFICOS.

Se cuentan desde que el útil inscriptor toca el soporte, hasta que se despega, pudiendo existir varios en una sola palabra.

(uno) (dos) (varios)

CAJA DEL RENGLÓN DE LA ESCRITURA.

Esta comprende de la parte inferior (base de las letras) con la parte superior de las mismas, sin tomar en consideración las rebasantes superiores e inferiores

caligrafía

ANGULOSIDAD.

Esta se toma sacando un promedio de formas que presenta la escritura a analizar, predominio del ángulo sobre la curva. Es el grado de frecuencia del ángulo sobre la curva, pudiendo ser:

PROMEDIO DE FORMAS CURVAS PROMEDIO DE FORMAS ANGULOSAS

mama caligrafia

PROMEDIO DE FORMAS LINEALES

PROMEDIO DE FORMAS MIXTAS

ARPONADA

EXISTENCIA DE GANCHOS O ARPONES INICIALES O FINALES

ARQUEADA

PREDOMINIO DEL ARCO O CURVAS SUPERIORES, SIENDO ANGULOSAS LAS INFERIORES

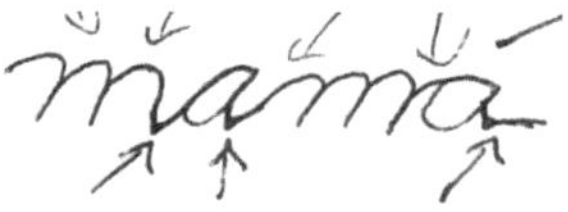

ORNAMENTACIÓN.

Esta característica se evalúa tomando en consideración la estilización de los inicios o los remates.

ORNAMENTADA O ESTILIZADA

AUSENTE DE ORNAMENTACIÓN

POCO ORNAMENTADA

Capítulo VI

PARTICULARIDADES MORFOLÓGICAS O GRUPO DE GESTOS GRÁFICOS

Dentro de mi vida como estudiante y posteriormente como profesional de perito en materia de grafoscopía, si hay algo que me ha impresionado, es conocer la majestuosidad del cerebro humano al ordenar la forma de realizar la escritura en general usando la mano como un instrumento, de acuerdo a lo estudiado en líneas anteriores.

Es realmente sensacional y maravilloso observar cómo individualmente, las personas al escribir rápido o lento, dejan particularidades morfológicas en forma repetida en cada una de las palabras o firmas que cada persona plasma en un documento, además, lo mismo sucede cuando se observa escritura en paredes pintadas de grafitis, en donde queda plasmada la particularidad de la escritura del individuo que la pintó.

Las particularidades morfológicas, llamadas así por mi maestro LIC. CARLOS FRANCISCO JIMÉNEZ DEL PRADO, también son conocidas como **morfología de la escritura** por el criminólogo JAVIER ORELLANA RUIZ, **particularidades gráficas** en el quinto principio del maestro a FELIX DEL VAL LATIERRO, y otros como **gestos tipo, gestos gráficos, automatismos o idiotismos**.

Cuando me ha tocado tomar muestras de escritura a personas que han negado haber suscrito alguna firma o escritura sabiendo que sí la estampó, sufren demasiado en ese proceso pues tratan de engañar a su propio cerebro, pero no pueden, y poco a poco, van escribiendo la letra, palabras o firma de acuerdo a la morfología que el cerebro tiene archivada en el área correspondiente.

QUÉ SE ENTIENDE POR PARTICULARIDADES MORFOLÓGICAS O GRUPO DE GESTOS GRÁFICOS.

Son signos relacionados con los elementos estructurales propios de cada letra o gramma de una persona[13].

En las características generales se estudia la escritura en cuanto a las palabras o firmas completas, como son el alineamiento básico, la dirección y otras más, en el estudio de las particularidades morfológicas, se estudia la grafía del inicio y del final de las letras o firmas, es decir, las formas que plasma la persona al suscribir cada letra o firma.

Dentro de los diecinueve años de trabajo profesional en materia de grafoscopía y documentoscopía, he analizado y observado demasiados signos morfológicos diferentes tanto en firmas como en palabras y letras encontradas tanto en los trazos iniciales, en medio o finales de las mismas. Los signos morfológicos se repiten en cada firma, palabra o letra que una persona plasma.

De acuerdo a los apuntes de mi maestro LIC. CARLOS FRANCISCO JIMÉNEZ DEL PRADO, los signos gráficos más

[13] Academia Mexicana de Ciencias Periciales, S.C., Curso de Actualización Pericial PGJ-Chiapas 2003. Antecedentes Históricos de la Escritura. Ponente: Lic. Carlos Francisco Jiménez Del Prado Cargado por Ichm. Disponible en: https://es.scribd.com/doc/14745622/GRAFOSCOPIA-Y-DOCUMENTOSCOPIA

importantes, en cuanto a las particularidades morfológicas, son los siguientes:

EN PUNTA FINA **EN BOTÓN** **EN GANCHO**

EN ARPÓN **ACERADO** **REDONDO**

ARRASTRE DEL ÚTIL INSCRIPTOR **FORMA DE ARCO** **FORMA ANGULOSA**

EN FORMA DE ZIGZAG **EN FORMA MIXTA**

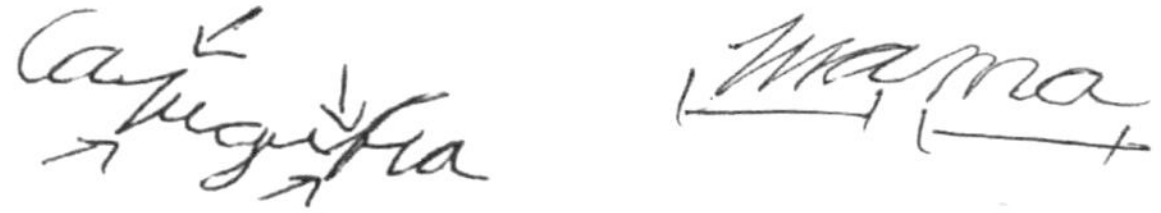

TERMINACIÓN O REMATES EN CUANTO A SU DIRECCIÓN.

SINESTROGIRO DISTROGIRO HORIZONTAL ASCENDENTE

DESCENDENTE **CORTO ASCENDENTE**

Todas las formas morfológicas anteriores son las que con más frecuencia se advierten en los peritajes que he rendido a través de mi vida pericial, son las básicas.

Asimismo, en el libro de JAVIER ORELLANA RUIZ[14] se pueden apreciar también, diferentes gestos gráficos, particularidades morfológicas o morfología de la escritura llamados por él "Elementos constitutivos de la escritura" e identifica a cada uno de ellos con el nombre de terminología y con la finalidad de poder apreciarlas en este libro, enseguida se identifican:

GRAMMA

(CONJUNTO DE TRAZOS QUE CONFIGURAN UNA LETRA, ES DECIR, LOS ELEMENTOS CONSTITUTIVOS DE LA ESCRITURA)

CUERPO

[14] Orellana Ruiz, Javier. Tratado de Grafoscopía y Grafometría. México: Editorial Diana, 1975. Pag. 48-65. Disponible en: https://www.worldcat.org/title/tratado-de-grafoscopia-y-grafometria-el-peritaje-su-procedimiento-y-su-proyeccion-legal/oclc/948934366

TRAZO PRINCIPAL

GAZA

LAZADA

BUCLE

OJAL

ARCO (MEDIO)

ARCO (COMPLETO)

ESPUELA

RECTA INICIAL

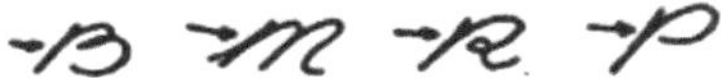

GANCHO INICIAL

GANCHO FINAL

GANCHO QUEBRADO

PUNTO DE ATAQUE

PUNTO DE RETENCIÓN

BASE

VUELTA

PATÍN

TILDE

PUNTO DE APOYO

OTROS ELEMENTOS CONSTITUTIVOS DE LA ESCRITURA SEGÚN JAVIER ORELLANA RUIZ.

ÁNGULO CURVA FESTÓN NUDO

LAZO ELIPSE ESPIRAL BRISADO

ASTA SUPERIOR ASTA INFERIOR MESETA

BUCLE DOBLE DOBLE CURVA BUCLECITO

EMPLASTAMIENTO TORSIÓN INFLADO

PUNTOS ORTOGRÁFICOS EN LETRAS "i".

FIRME CIRCULAR SIN PUNTO IZQUIERDA DERECHA

PUNTOS EN FORMA DE RAYA.

DIAGONAL INVERTIDA A LA IZQUIERDA

DIAGONAL A LA DERECHA

CÓNCAVO

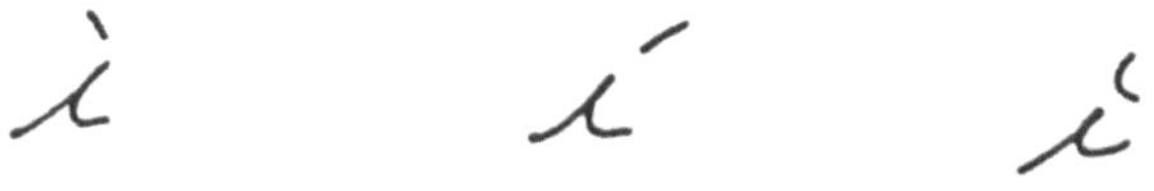

TILDES EN LETRAS "t".

TILDE EN MAZA DERECHA

TILDE EN MAZA HORIZONTAL

TILDE GRUESO CUADRADO

TILDE DIAGONAL

TILDE GANCHO INICIAL

TILDE GANCHO FINAL

SIN TILDE

TILDE FLOREADA O ENLAZADA

TILDES EN LETRAS "T" CON OTRAS PARTICULARIDADES MORFOLÓGICAS DE LA ESCRITURA.

Los ejemplos de tildes antes señalados, en ocasiones contienen partes de otras grammas ya que, en un dictamen pericial, me encontré una tilde en la que el firmante, en todas sus firmas, pega el acento ortográfico del apellido Martínez, en el lado derecho de la tilde.

FIRMAS INDUBITADAS | FIRMA DUBITADA | FIRMAS INDUBITADAS

OTROS PUNTOS ORTOGRÁFICOS DE LAS LETRAS "i".

En otro peritaje encontré, tanto en la firma dubitada como en las indubitadas tomadas en audiencia de muestra de escritura y firmas, la existencia de dos puntos ortográficos sobre la letra "i" del nombre Margarita, uno encima de la letra y otro en la parte superior de la misma letra.

FIRMA INDUBITADA | FIRMA DUBITADA | FIRMA INDUBITADA

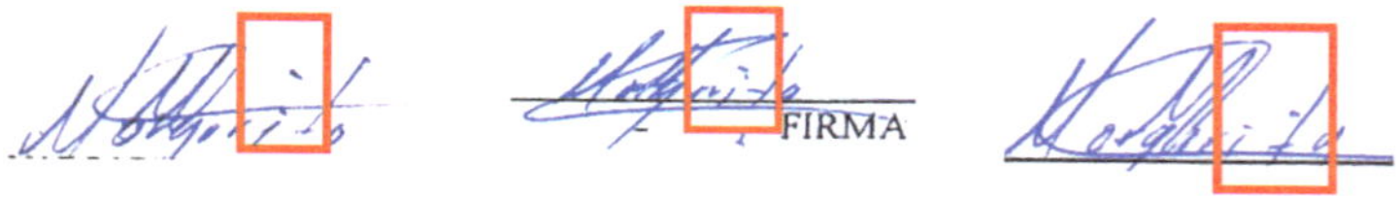

FIRMA INDUBITADA 	FIRMA INDUBITADA 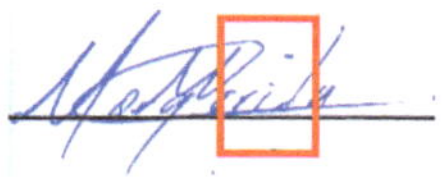	FIRMA INDUBITADA 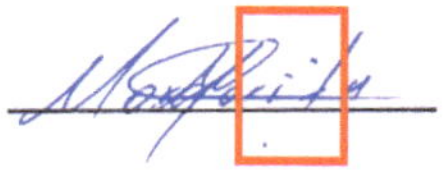

Con estos dos ejemplos, se puede observar que las particularidades morfológicas son muy amplias y variadas, y junto con las mostradas por el LICENCIADO CARLOS FRANCISCO JIMÉNEZ DEL PRADO y JAVIER ORELLANA RUIZ, han sido de gran ayuda y base de mis dictámenes periciales.

Capítulo VII

FIRMA Y SUS TIPOS DE FALSIFICACIÓN[15]

FIRMA.

Es el grupo de trazos que escoge libremente un individuo para identificarse con los demás.

De acuerdo al criterio de la Tercera Sala de la Suprema Corte de Justicia de la Nación, dentro del juicio de amparo Directo 435/57, debe entenderse por firma:

> ***"La firma puede estar constituida por los caracteres, signos o nombres que use o estampe determinada persona en un documento para obligarse a responder del contenido de ese documento o para hacer constar que ha decidido alguna cosa."***

Esta definición de firma por parte de la Tercera Sala de la Suprema Corte de Justicia de la Nación México, es muy completa ya que habla de la constitución de la firma, que puede ser por caracteres, signos o nombres, legibles, semilegibles o ilegibles.

---

[15] La fuente de las definiciones y conceptos de este capítulo, salvo algunas excepciones es la siguiente: Academia Mexicana de Ciencias Periciales, S.C., Curso de Actualización Pericial PGJ-Chiapas 2003. Antecedentes Históricos de la Escritura. Ponente: Lic. Carlos Francisco Jiménez Del Prado Cargado por Ichm. Disponible en: https://es.scribd.com/doc/14745622/GRAFOSCOPIA-Y-DOCUMENTOSCOPIA

CLASE DE FIRMAS.

DUBITADA.- Aquella firma en que existe la duda si pertenece y proviene del puño y letra de la persona a la cual se le atribuye. Son las firmas que se plasman sin la presencia de alguna persona que tenga fe pública para darles valor legal.

INDUBITADA.- Se llama así a la firma que se suscribe ante una persona que de acuerdo a la ley tenga fe pública, para validar que la firma fue plasmada por la persona a la que se le atribuye la misma, es decir, no existe duda a quién pertenece.

LEGIBLES.- Aquellas firmas en que se puede leer perfectamente el nombre y apellidos de la persona que la plasmó.

SEMILEGIBLES.- Aquellas firmas en que se identifica al menos un elemento escritural del nombre o apellidos de la persona que la realizó.

ILEGIBLES.- Aquellas firmas en que no se identifica ningún elemento escritural, también llamada RÚBRICA O GARABATO.

DEFINICIÓN DE FALSIFICACIÓN DE FIRMAS.

Es el acto consistente en la creación o modificación de una firma con el fin de hacerla parecer como verdadera.

FALSIFICACIÓN DE FIRMAS Y SUS EJEMPLOS.

Considero en forma muy personal, que no existe una falsificación perfecta de una firma o escritura, en virtud de que la escritura contiene una grafía muy particular en cada persona, puesto que es el cerebro quien ordena como se debe escribir y si la escritura o firma a falsificar proviene del cerebro de un tercero, entonces va a variar la forma de escribir y me he topado con muchos casos en que la escritura o firmas falsificadas, son demasiado parecidas a la grafía de la persona a la que se trata de falsificar pero al final de cuentas he logrado demostrar que existe una falsificación, pues como dice FELIX DEL VAL LA TIERRO en su NOVENO PRINCIPIO (entre otros):

"NO TODOS LOS SIGNOS GRÁFICOS TIENEN EL MISMO VALOR, LOS MAS IMPORTANTES SON AQUELLOS POCO PARENTES, PUES SON LOS QUE SE ESCAPAN, LO MISMO EN LA FALSIFICACIÓN QUE EN EL DISIMULO".

También en algunas ocasiones, me he topado con peritajes en que una persona en un documento, trata de disimular su firma haciendo creer que le fue falsificada con tal de no cumplir con una obligación, lo que también es muy difícil, puesto que no se puede disimular la propia grafía como también indica VAL LA TIERRO en su OCTAVO PRINCIPIO (entre otros):

"NO SE PUEDE DISIMULAR LA PROPIA GRAFÍA SIN QUE SE NOTE EL ESFUERZO DE LA LUCHA CONTRA EL SUBCONSCIENTE".

SIGNOS DE FALSIFICACIÓN Y FALSEDAD.

Una vez teniendo la escritura o firma que se plantea como falsificada se tomarán en cuenta los siguientes signos:

Temblor en los trazos.

Paradas innecesarias.

Retoques

Repasos

Presión uniforme

Residuos de trazos subyacentes

Surcos sin escritura

Mala interpretación de los trazos

Borrados (en calcos)

Desgaste de la maza del papel

Desprendimientos de las fibras del papel

Camuflados (coloca sellos, engrapa, perfora, dobla la hoja, etcétera).

En seguida, se hará una clasificación de las formas de falsificación, poniendo ejemplos en cada caso, y realizando un estudio pericial al respecto.

FALSIFICACIÓN LIBRE O POR IMITACIÓN.

Se entiende esta falsificación la que se realiza, cuando el falsificador tiene a la vista la escritura o firma que se trata de imitar tratando de reproducirlas lo más fielmente posible.

EJEMPLO PRIMER CASO.

FIRMAS INDUBITADAS

1 2 3

FIRMA DUBITADA

FIRMAS INDUBITADAS

Con la finalidad de demostrarle al juzgador la existencia de la falsificación, utilicé un programa de computación de separación de líneas y encontré que la firma dubitada había sido plasmada por medio de cinco movimientos gráficos, que a continuación se describen:

FIRMA DUBITADA

PRIMER MOVIMIENTO.- el firmante escribe una lazada, por medio de una forma ovalada alargada que comienza con una curva en la parte derecha pegando con el inicio del segundo movimiento gráfico y termina en la parte superior.

SEGUNDO MOVIMIENTO.- el firmante escribe una forma de letra "S" comenzando la escritura pegando y haciendo una cruz con el inicio del primer movimiento gráfico, una línea diagonal corta en la parte superior, dejando una forma arqueada angosta y después otra forma arqueada abierta y otra línea diagonal larga en la parte inferior.

TERCER MOVIMIENTO.- en este movimiento, el firmante escribe una serie de líneas irregulares.

CUARTO MOVIMIENTO.- el cuarto movimiento, el firmante escribe en la parte izquierda una curva y después una línea ascendente, semejando una letra "J" o una forma de bastón.

QUINTO MOVIMIENTO.-  en el quinto movimiento, el firmante escribe una forma parecida a un número ocho en la parte media de la firma.

Contrario a estos movimientos, todas las firmas indubitadas fueron realizadas por un solo movimiento gráfico, es decir, sin despegar nunca el útil inscriptor del papel, desde su inicio hasta su final. Aunado a ello las particularidades morfológicas son totalmente distintas en las firmas indubitadas, respecto a la dubitada.

Este peritaje fue muy importante e interesante, en virtud de existir una pésima falsificación, pues el falsificador no consideró una de las características generales más elementales, como lo es el número de movimientos gráficos, para hacer la reproducción de la firma a falsificar.

CONCLUSIÓN

La firma dubitada que se encuentra plasmada en la primera hoja del documento denominado acta de entrega, visible en la parte superior derecha de la primera hoja identificada en la foja 96 de los autos, atribuida al C. PEDRO "N" "N", no fue suscrita ni pertenece al puño y letra de la persona que al suscribir 20 firmas en una hoja de muestras de escritura pedidas por el perito de la parte demandada y 17 firmas en diferentes audiencias de derecho dentro de los

autos, plasmadas ante la Fe de la Secretaría de la H. Séptima Sala del Tribunal Federal de Conciliación y Arbitraje en que se actúa, dijo ser y se identificó como el C. PEDRO "N" "N". Dicha firma fue falsificada por el método libre e invención de trazos.

EJEMPLO SEGUNDO CASO.

En un peritaje que realicé en grafoscoía, encontre entre otras diferencias una muy importante en que el falsificador no tomó en consideración que la firma de la persona a quien se le atribuia, plasmaba en la parte media del nombre Gabriel las letras "ri" en forma pegada y al falsificar plasmó las letras "ri" en forma despegada, lo que demuestra el NOVENO PRINCIPIO DE VAL LA TIERRO citado en líneas anteriores.

NOMBRE "Gabriel" DE LAS FIRMAS INDUBITADAS

1 2 3 4 5

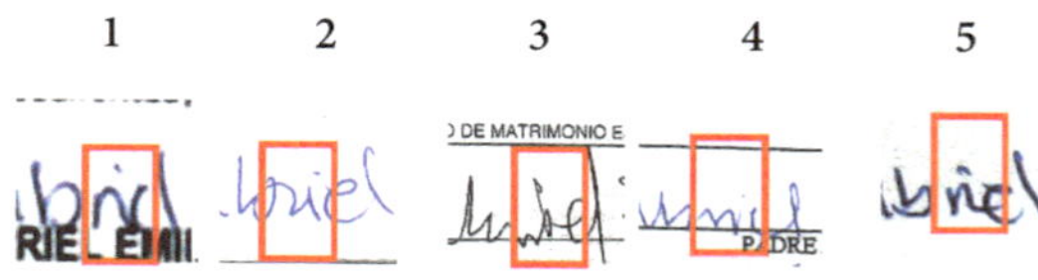

NOMBRE "Gabriel" DE LA FIRMA DUBITADA

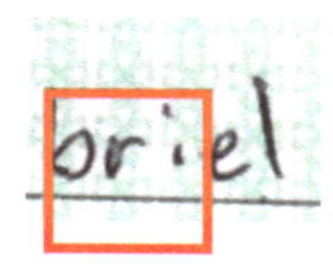

NOMBRE "Gabriel" DE LAS FIRMAS INDUBITADAS

6 7 8 9 10

EJEMPLO TERCER CASO.

FIRMA DUBITADA

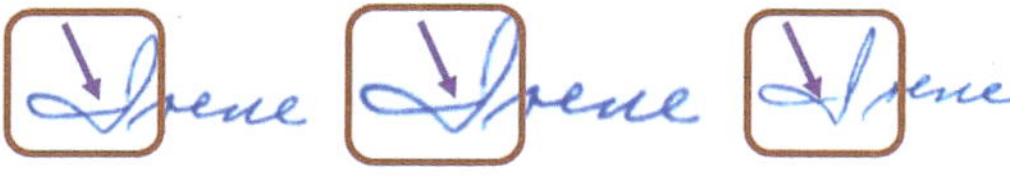

FIRMA INDUBITADA

En las firmas dubitadas, en cuanto a la letra *"I"* comienzan con una gaza ovalada grande vertical, después plasma una gaza en la parte izquierda ovalada grande en forma de gota de agua y todas tienen una dirección horizontal, la terminación por medio de una línea ascendente y no rebasa la parte izquierda de la gaza inicial. La terminación de las letras "e" finales es en curva corta.

En cambio, en las firmas indubitadas la gaza de la parte izquierda es pequeña y todas tienen una dirección hacia arriba ascendente. La terminación es en curva larga y rebasa la parte izquierda de la gasa inicial. La terminación de las letras "e" finales es ascendente larga.

FALSIFICACIÓN POR INVENCIÓN DE TRAZOS.

Cuando no se cuenta con un modelo de escritura o firma a falsificar y se procede a inventar la escritura o firma.

EJEMPLO PRIMER CASO.

En este tipo de falsificación, el falsificador desconoce la firma de la persona a quien se le falsificará la firma e inventa los trazos.

En un dictamen pericial que realicé, las firmas que se muestran estaban consideradas como dubitadas y se encontraban en dos escritos diferentes.

FIRMAS DUBITADAS

Posteriormente, se le hizo una toma de muestras de escritura, y la persona a quien se le atribuía las firmas dubitadas plasmó ante la fe de la secretaría de un juzgado las siguientes firmas;

FIRMAS INDUBITADAS

Al realizar el estudio grafoscópico correspondiente encontré que entre las firmas dubitadas y las indubitadas no existe ninguna grafía similar o parecida por lo que dictaminé que existió falsificación por invención de trazos.

EJEMPLO SEGUNDO CASO.

En otro peritaje tuve a la vista una firma dubitada, que al compararla con las firmas indubitadas, encontré que la firma dubitada se encontraba suscrita letra por letra en un total de ocho movimientos gráficos, "B e r n a r d a" y las firmas indubitadas fueron plasmadas escribiendo dos movimientos gráficos la letra "B" y el segundo movimiento "ernarda", por lo que al realizar el estudio comparativo encontré una falsificación por invención de trazos, asimismo las particularidades morfológicas son distintas letra por letra. Se amplía la firma dubitada para demostración, marcando en donde se encuentra la separación de cada letra.

FIRMA INDUBITADA FIRMA DUBITADA FIRMA INDUBITADA

En la firma dubitada, el nombre Bernarda fue escrito letra por letra.

El inicio de la letra "B" de la firma dubitada es en forma de línea, en cambio el inicio en las firmas indubitadas es en forma de gaza ovalada. Las letras "a" de la firma dubitada está plasmada con una forma ovalada con terminación alargada y las letras "a" de las firmas indubitadas como letra "o" y sin terminación alargada.

FALSIFICACIÓN POR DISIMULO.

Es cuando el propio autor de una escritura o firma, intenta modificar, variar o disimular voluntariamente su escritura o su firma.

"SE PUEDE TRATAR DE ENGAÑAR A LOS TERCEROS, AL JUEZ, AL MAGISTRADO O AL MINISTRO, AL SIMULAR O CAMBIAR LA ESCRITURA O FIRMA, PERO ESTA PERSONA NUNCA ENGAÑARÁ A SU CEREBRO".

EJEMPLO PRIMER CASO.

FIRMA DUBITADA

FIRMA INDUBITADA

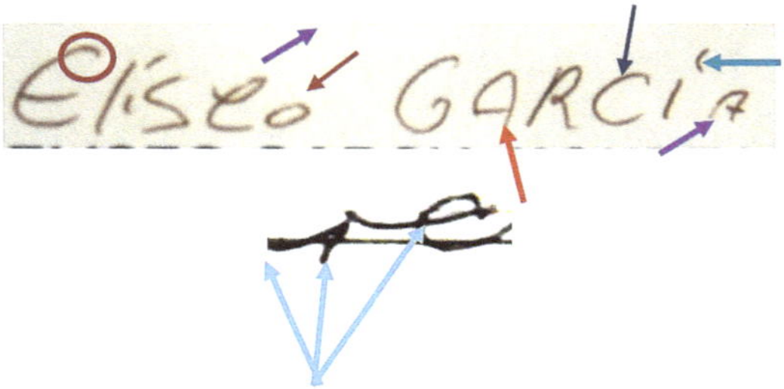

FIRMA INDUBITADA

Se hace la indicación de las letras "rc" de la firma dubitada, que parece "re", en virtud, de que parece que la letra "c" se encuentra plasmada con una gaza ovalada en la parte superior, pero esa gaza corresponde a la terminación de la letra "r".

En el peritaje a que se refiere el ejemplo anterior, una de las partes negó haber suscrito la firma dubitada, la cual pertenecía a una escritura de las llamadas letra tipo script, pegada o de carta y cuando se le requirió para que escribiera las firmas indubitadas, lo hizo utilizando un tipo de letra de las llamadas de imprenta o suelta, creyendo que con ello, iba a engañar a un tercero, sin saber que a su propio cerebro no lo podía engañar. Aun cuando la escritura en su forma parecía diferente, encontré varias grafías o particularidades morfológicas parecidas que son las siguientes:

La dirección de las firmas tanto en la firma dubitada como en las indubitadas es horizontal.

En cuanto al nombre Eliseo, tanto en la firma dubitada como en las indubitadas las letras "E" comienzan la escritura con un ganchito en la parte superior derecha.

Las letras "e" tanto en la firma dubitada como en las indubitadas tienen una grafía de gaza ovalada y una dirección hacia la derecha.

Las letras "o" tanto en la firma dubitada como en las indubitadas son ovaladas y con una dirección hacia la derecha.

En cuanto al apellido "García", tanto en la firma dubitada como en las indubitadas las letras "c" comienzan con un ganchito y tienen una forma de medio arco.

El acento de la letra "i" tanto en la firma dubitada como en las indubitadas es en forma de raya, diagonal hacia la derecha.

En virtud de que se observa en la letra "c" del apellido "García" tiene una forma de gaza ovalada en la parte superior de la misma, observé que no existía dicha forma y que su escritura está confundida en razón a que la línea final de la letra "r" que le antecede es larga y se pegó a la letra "c".

FALSIFICACIÓN POR CALCO.

El marco teórico, ejemplos y fotografías de este tipo de falsificación se presenta en la segunda parte de este libro, es decir, "Documentoscopía", en razón de que, para su estudio y análisis, es necesario la ilustración de fotografías utilizando microscopio, por lo que se sugiere revisar el capítulo XVIII "Falsificación por calco".

Capítulo VIII
AUTORÍA DE ESCRITURA

Se llama autoría el hecho en el que una persona realice en su escritura o firmas, trazos que perduran en gran parte de su vida.

La Ley del menor esfuerzo y la escritura de la persona a través del tiempo[16], se refiere a las personas mayores que por la edad o una enfermedad, escriben formas gráficas que les son más fáciles de realizar, cambiando aquellas que le son más difíciles de escribir.

Durante veinte años de realizar trabajos de perito en materias de grafoscopía y documentoscopía, he aprendido que cuando una persona llega a su madurez escritural, cuando su cerebro le ordena cual va a ser la escritura o firma, legible, semilegible o ilegible que va a utilizar en su vida, siempre va a existir trazo o trazos de su grafía que van a perdurar, aunque quiera cambiar la forma de su firma o escritura.

Lo anterior, lo he observado en varios trabajos periciales que he realizado como perito, por lo que no acepto el que únicamente pueden servir para confronta de una escritura o firma dubitada o problema, muestras de escritura o firmas indubitadas, que sean contemporáneas, es decir, que sean de las mismas fechas de inscripción de la escritura o firmas dubitadas.

[16] IV Congreso Internacional de Documentos Cuestionados, 21 noviembre de 2007, Ciudad de Mendoza, Argentina. Perito Calígrafa de Argentina Martha Pedernera.

CASO DE AUTORÍA.

Se me nombró como perito tercero en discordia para realizar un peritaje en materia de grafoscopía, aceptando el cargo y al realizar el estudio me di cuenta que como firmas indubitadas se habían ofrecido firmas que fueron plasmadas por la persona a la que se atribuía la firma dubitada, en diferentes épocas de su vida en las siguientes edades; 18, 31, 68, las indubitadas y 69 la dubitada y son las siguientes:

FIRMA INDUBITADA DEL SUSCRIPTOR A LOS 18 AÑOS DE EDAD

FIRMA INDUBITADA DEL SUSCRIPTOR A LOS 31 AÑOS DE EDAD

FIRMA DUBITADA O PROBLEMA DEL SUSCRIPTOR A LOS 69 AÑOS DE EDAD

FIRMA INDUBITADA DEL SUSCRIPTOR A LOS 68 AÑOS DE EDAD

FIRMA INDUBITADA DEL SUSCRIPTOR A LOS 68 AÑOS DE EDAD

Con la finalidad de realizar un estudio pericial más perfecto, se hizo una separación de los movimientos gráficos. Como puede observarse, el firmante PAUL "N" "N" siempre plasmó en sus firmas un primer movimiento gráfico muy parecido, escribía una letra "L", iniciando con una gaza ovalada en la parte superior, bajaba hacia la parte media y plasmaba una forma ovalada, en la firma más antigua una forma triangular, seguía hacia la parte inferior en donde escribía una gaza triangular y terminaba con una línea ascendente larga.

Se notaron algunos problemas de temblor por cuestiones propias de la edad, además de recordar el principio de que la escritura o firma de una persona en un momento determinado, nunca será idéntica a otra escritura o firma de ella misma.

INICIO DE LA FIRMA INDUBITADA A LOS 18 AÑOS DE EDAD

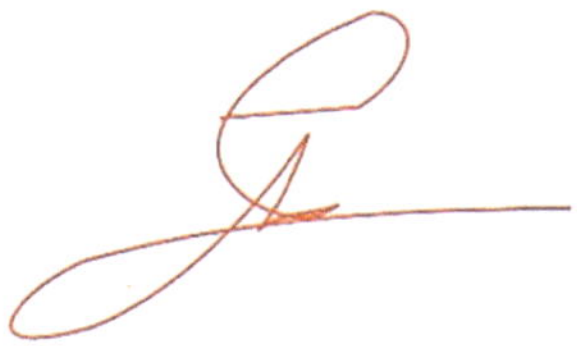

INICIO DE LA FIRMA INDUBITADA A LOS 31 AÑOS DE EDAD

FIRMA DUBITADA A LOS 69 AÑOS DE EDAD

INICIO DE LA FIRMA INDUBITADA A LOS 68 AÑOS DE EDAD

INICIO DE LA FIRMA INDUBITADA A LOS 68 AÑOS DE EDAD

Además del temblor, a continuación se muestra como otra particularidad las formas anguladas que contienen los finales en la parte superior.

FIRMA INDUBITADA DEL SUSCRIPTOR A LOS 18 AÑOS DE EDAD

FIRMA INDUBITADA DEL SUSCRIPTOR A LOS 31 AÑOS DE EDAD

FIRMA DUBITADA O PROBLEMA DEL SUSCRIPTOR A LOS 69 AÑOS DE EDAD

FIRMA INDUBITADA DEL SUSCRIPTOR A LOS 68 AÑOS DE EDAD

FIRMA INDUBITADA DEL SUSCRIPTOR A LOS 68 AÑOS DE EDAD

Otra autoría importante es que en todas las firmas siempre dejó la parte final de la línea del primer movimiento gráfico sin escritura.

FIRMA INDUBITADA DEL SUSCRIPTOR A LOS 18 AÑOS DE EDAD

FIRMA INDUBITADA DEL SUSCRIPTOR A LOS 31 AÑOS DE EDAD

FIRMA DUBITADA O PROBLEMA EL SUSCRIPTOR TENIA A 69 AÑOS DE EDAD

FIRMA INDUBITADA EL SUSCRIPTOR TENIA 68 AÑOS DE EDAD

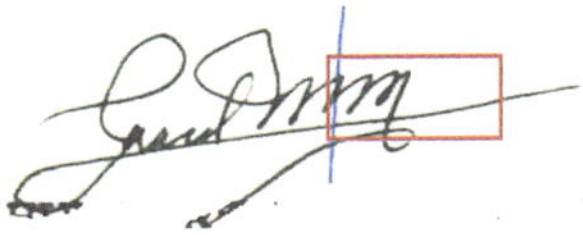

FIRMA INDUBITADA EL SUSCRIPTOR TENIA 68 AÑOS DE EDAD

Capítulo IX

PRUEBA

Es todo motivo o razón aportada al proceso por los medios y procedimientos aceptados en la ley para llevar al juez al convencimiento de la certeza sobre los hechos discutidos en un proceso[17].

Actuación procesal por la que las partes intentan acreditar los hechos aducidos en una demanda o contestación a la demanda para convencer al juzgador de la veracidad de éstos[18].

Existen demasiadas definiciones sobre lo que significa "prueba", pero todas tienen un mismo fin, las pruebas se ofrecen para demostrar el actor sus acciones y el demandado sus excepciones. Lo anterior se aplica a cualquier materia de derecho, pudiendo cambiar el concepto de las partes como en materia penal, víctima y victimario, por dar un ejemplo.

PRUEBA PERICIAL.

Medio de prueba fundado en la técnica y la ciencia que se concreta a través de la actuación de peritos ello en virtud

[17] Devis Echandía, Hernando (2005). Tomo II. Teoría General de la Prueba. Bogotá, Colombia: Temis S.A. p. 25. Véase en: https://mx.search.yahoo.com/yhs/search?hspart=adk&hsimp=yhs-adk_sbyhp&p=Devis+Echand%c3%ada%2c+Hernando+(2005).+%c2%abII%c2%bb.+Teor%c3%ada+General+de+la+Prueba.+Bogot%c3%a1+-+Colombia%3a+Temis+S.A.+p.+25¶m2=db7edcb4-3ecb-197c-4a71-a22d0c1596d6¶m3=converter~MX~romb¶m4=gsmxco03~Chrome~Devis+Echand%c3%ada%2c+Hernando+(2005).+%c2%abII%c2%bb.+Teor%c3%ada+General+de+la+Prueba.+Bogot%c3%a1+-+Colombia%3a+Temis+S.A.+p.+25¶m1=20190819&type=

[18] Enciclopedia Jurídica. Edición 2020. Disponible en: http://www.enciclopedia-juridica.com/d/prueba/prueba.htm

de que el juzgador no puede ser un especialista en todas las ramas del saber humano, será entonces asesorado e ilustrado por peritos, por conocedores de las diversas materias del conocimiento humano[19].

Medio probatorio por el que la parte puede solicitar al juzgador que sea admitida como prueba la declaración de un perito en una materia por ser necesarios conocimientos científicos, artísticos, técnicos o prácticos para explicar y valorar hechos relevantes al objeto de la litis[20].

PRUEBA PERICIAL EN GRAFOSCOPÍA Y DOCUMENTOSCOPÍA EN LA LEGISLACIÓN MEXICANA.

Cabe aclarar que en México, ni en la Constitución Política de los Estados Unidos Mexicanos, ni algún código, ley, reglamento a nivel federal o de entidades federativas, establecen un procedimiento especial en relación al ofrecimiento de las pruebas en materia de grafoscopía y documentoscopía, solo indican los procedimientos y requisitos del ofrecimiento de pruebas en general, lo que deja a las partes con libertad de decidir la forma de elaborar su ofrecimiento de pruebas, en lo particular y que es lo que nos concierne, en materia de grafoscopía y documentoscopía, posibilitando sobre todo libre

[19] Academia Mexicana de Ciencias Periciales, S.C., Curso de Actualización Pericial PGJ-Chiapas 2003. Antecedentes Históricos de la Escritura. Ponente: Lic. Carlos Francisco Jiménez Del Prado Cargado por Ichm. Disponible en: https://es.scribd.com/doc/14745622/GRAFOSCOPIA-Y-DOCUMENTOSCOPIA

[20] Enciclopedia Jurídica. Edición 2020. Disponible en: http://www.enciclopedia-juridica.com/d/prueba-pericial/prueba-pericial.htm

albedrío del oferente a la hora de realizar los cuestionarios que han de resolver los peritos en estas materias, lo que en ocasiones provoca un fuerte dolor de cabeza para estos, y en consecuencia para el mismo juzgador a la hora de darles valor probatorio.

En varios diplomados y congresos en que he participado, hemos tocado los peritos el tema de la necesidad que existe que en un ofrecimiento de prueba pericial y en particular en el cuestionario que se va a elaborar, tanto el abogado como el perito, participen y en forma conjunta, formulen los puntos necesarios e importantes. Ello porque he tenido que resolver peritajes en los que el cuestionario es totalmente fuera de materia o con preguntas imposibles de contestar.

En seguida se transcribe lo que establecen el Código de Comercio, el Código Nacional de Procedimientos Penales, el Código Federal de Procedimientos Civiles y algunos códigos de procedimientos civiles de varias entidades federativas, como ejemplo de la falta de un procedimiento especial para el ofrecimiento de la pruebas en grafoscopía y documentoscopía.

CÓDIGO DE COMERCIO

> ***ARTÍCULO 1205.-*** *Son admisibles como medios de prueba todos aquellos elementos que puedan producir convicción en el ánimo del juzgador acerca de los hechos controvertidos o dudosos y en consecuencia serán tomadas como pruebas las declaraciones de las partes, terceros,* ***peritos****, documentos públicos o privados, inspección judicial, fotografías, facsímiles, cintas cinematográficas, de videos, de sonido, mensajes de datos, reconstrucciones de hechos y en general cualquier otra similar u objeto que sirva para averiguar la verdad.*

ARTICULO 1253. *Las partes propondrán la prueba pericial dentro del término de ofrecimiento de pruebas en los siguientes términos:*
Señalarán con toda precisión la ciencia, arte, técnica, oficio o industria sobre la cual deba practicarse la prueba; los puntos sobre los que versará y las cuestiones que se deben resolver en la pericial, así como la cédula profesional, calidad técnica, artística o industrial del perito que se proponga, nombre, apellidos y domicilio de éste, con la correspondiente relación de tal prueba con los hechos controvertidos;

CÓDIGO NACIONAL DEPROCEDIMIENTOS PENALES

Artículo 368. *Prueba pericial Podrá ofrecerse la prueba pericial cuando, para el examen de personas, hechos, objetos o circunstancias relevantes para el proceso, fuere necesario o conveniente poseer conocimientos especiales en alguna ciencia, arte, técnica u oficio.*
Artículo 369. *Título oficial Los peritos deberán poseer título oficial en la materia relativa al punto sobre el cual dictaminarán y no tener impedimentos para el ejercicio profesional, siempre que la ciencia, el arte, la técnica o el oficio sobre la que verse la pericia en cuestión esté reglamentada; en caso contrario, deberá designarse a una persona de idoneidad manifiesta y que preferentemente pertenezca a un gremio o agrupación relativa a la actividad sobre la que verse la pericia. No se exigirán estos requisitos para quien declare como testigo sobre hechos o*

circunstancias que conoció espontáneamente, aunque para informar sobre ellos utilice las aptitudes especiales que posee en una ciencia, arte, técnica u oficio.

CÓDIGO FEDERAL DE PROCEDIMIENTOS CIVILES

ARTICULO 79.*- Para conocer la verdad, puede el juzgador valerse de cualquier persona, sea parte o tercero, y de cualquier cosa o documento, ya sea que pertenezca a las partes o a un tercero, sin más limitaciones que las de que las pruebas estén reconocidas por la ley y tengan relación inmediata con los hechos controvertidos.*

CÓDIGO DE PROCEDIMIENTOS CIVILES DEL ESTADO DE AGUASCALIENTES

ARTÍCULO 297.*- El ofrecimiento de la prueba pericial, debe contener los siguientes requisitos:*

I.- Señalar con toda precisión la materia de la prueba y las cuestiones que deben resolver los peritos;

II.- Indicar qué se pretende acreditar con la prueba;

III.- Precisar el nombre, apellidos y domicilio en el lugar del juicio, del perito que se proponga;

IV.- La aceptación y protesta del cargo por parte del perito designado;

V.- Acreditar la calidad profesional, técnica, artística o industrial del perito, exhibiendo en su caso copia certificada de la cédula profesional o de las constancias que lo acrediten.

La falta de cualquiera de los requisitos anteriores, importa el desechamiento de plano, de la prueba en cuestión.

CÓDIGO PROCEDIMIENTOS CIVILES DEL ESTADO DE JALISCO

Artículo 353.- *La parte que promueva la prueba pericial, deberá designar al perito en el mismo escrito que la proponga, recabando la firma de aceptación y protesta del cargo conferido en los términos de ley; la contraria del oferente podrá anunciar la designación de su perito; el perito designado por el juez debe tener aceptado el cargo en forma previa al desahogo de la pericial.*

Promovida la prueba pericial, el juzgador calificará el cuestionario y aprobará sólo las cuestiones que se ajusten a lo dispuesto respecto de los mismos en este capítulo.

CÓDIGO PROCEDIMIENTOS CIVILES DEL ESTADO DE MÉXICO

Artículo 1250.- Para conocer la verdad, puede el Juzgador valerse de cualquier persona, cosa o documento, con tal de que las pruebas estén reconocidas por la ley y tengan relación inmediata con los hechos controvertidos.

Artículo 1304.- La prueba pericial será ofrecida y admitida cuando la naturaleza de las cuestiones materia de la misma requieran conocimientos científicos o tecnológicos o bien experiencia práctica en el ejercicio de un servicio u oficio, con la finalidad de prestar auxilio al juzgador.

Como se observa, los diferentes códigos y leyes de procedimientos civiles y penales, tanto de las entidades federativas, como los federales de México, tienen su propia forma de señalar el ofrecimiento y el proceso para desahogar las pruebas periciales en general, sin referirse en particular a las pruebas en materias de grafoscopía y documentoscopía.

Capítulo X
PERITAJE

PERITO.- Persona experimentada, hábil o entendida en una ciencia o arte[21].

CLASE DE PERITOS:

a.- Peritos nombrados por las partes.

b.- Peritos nombrados por la autoridad judicial (auxiliares de la administración de la justicia o terceros en discordia)[22].

RESPONSABILIDAD DEL PERITO.- Existe responsabilidad civil o penal en el perito si no emite su dictamen dentro del término de ley.

PERITAJE.

Existen demasiadas definiciones sobre lo que se entiende por un peritaje y personalmente, de acuerdo a mi experiencia me inclino por la siguiente.

Es el examen de personas, hechos u objetos, realizado por un experto en alguna ciencia, técnica o arte, con el objeto de ilustrar al juez o magistrado que conozca de una causa civil, criminal, mercantil o de trabajo, sobre cuestiones que por su naturaleza requieran de conocimientos especializados que sean del dominio cultural de tales expertos, cuya opinión resulte necesaria en la resolución de una controversia jurídica[23].

---

[21] Autores: Julián Pérez Porto y María Merino. Publicado: 2010. Actualizado: 2014. Disponible en: https://definicion.de/perito/

[22] Ibidem

[23] Suprema Corte de Justicia de la Nación. Diccionario Jurídico Mexicano (1994), (escrito por Santiago Barajas Montes de Oca). Disponible en: https://mexico.leyderecho.org/peritaje/

Personalmente y de acuerdo a mi experiencia, tomando en cuenta las materias en grafoscopía y documentoscopía, defino al peritaje de la siguiente forma:

Es el informe **detallado, demostrativo y comprobable** que un experto en materia de grafoscopía y documentoscopía, rinde al juzgador sobre el resultado obtenido del problema que se le planteó, por medio del estudio y análisis realizado.

EXISTEN DOS FORMAS DE DICTAMINAR PERITAJES:

DECIRLE al juzgador el resultado del estudio realizado.

DEMOSTRAR al juzgador el resultado del estudio realizado.

FORMA DEL PERITAJE.- La forma de presentar un peritaje, se encuentra supeditada al problema que se le plantea al perito.

FONDO DEL PERITAJE.- El fondo del peritaje, se encuentra también supeditada al problema que se le plantea al perito.

IMPORTANCIA DEL PERITAJE.- El perito tiene en sus manos y sus habilidades, el que una persona o personas inocentes, no resulten dañadas en su patrimonio o su libertad, o bien, conservar sus bienes y su libertad.

TOMA DE MUESTRAS DE ESCRITURA.

Esta parte del proceso pericial es importantísimo, pues el perito tratará de que la persona a la que se atribuye la escritura o firma dubitada realice modelos de la escritura o firmas necesarias para poder realizar un estudio comparativo entre ellas y la escritura o firma dubitadas y poder dictaminar lo que resulte. En lo personal y para evitar problemas posteriores a la toma de muestras, utilizo el siguiente escrito:

HOJA (1)

ASUNTO.- SE TOMA MUESTRA DE ESCRITURA Y FIRMAS

EXPEDIENTE: XX/201X

Fecha: León Guanajuato, a 23 de noviembre del año 2015

C. JUEZ MIXTO DE PRIMERA INSTANCIA

EN EL MUNICIPIO DE LEÓN

ESTADO DE GUANAJUATO

P R E S E N T E

C. FELIPE "N" "N", actora dentro del procedimiento anotado al rubro, ante usted, comparezco para **realizar la muestra de escritura y firmas en forma voluntaria y sin ninguna presión del H. Juzgado ni de persona alguna**, de acuerdo a lo pedido por parte del perito de la parte demandada LIC. RUBEN LÓPEZ LANDEROS en la forma siguiente:

Plasmará el C. FELIPE "N" "N", sobre las líneas su firma:

____

____

____

FIRMA DEL SECRETARIO DEL JUZGADO QUE DA FE

FIRMA DEL PERITO LIC. RUBEN LÓPEZ LANDEROS

HOJA (2)

Plasmará el C. FELIPE "N" "N" sobre las líneas lo que se pide:

(Si el peritaje se relaciona con escritura o números)

____

____

____

El abecedario con letras MAYÚSCULAS

____

____

____

El abecedario con letras minúsculas

____

____

____

Escribir del número 1 al número 100

____

____

____

(y otra escritura o signos necesarios)

FIRMA DEL SECRETARIO DEL JUZGADO QUE DA FE

FIRMA DEL PERITO LIC. RUBEN LÓPEZ LANDEROS

FORMA DEL PERITAJE[24].

Para realizar mis estudios tengo una base, aunque nunca un peritaje es igual de los demás. Sobre este entendido en lo personal sigo los siguientes pasos:

1. PROBLEMA PLANTEADO
2. PROBLEMA A RESOLVER
3. ESTRUCTURACIÓN DEL MARCO TEÓRICO, LEY Y PRINCIPIOS DEL GRAFISMO APLICADOS A ESTE PERITAJE
4. EXPLICACIÓN DE COMO SE VA A REALIZAR EL ESTUDIO
5. ESTUDIO PERICIAL
6. RESULTADO DEL ESTUDIO
7. CONTESTACIÓN AL CUESTIONARIO PLANTEADO POR LA PARTE OFERENTE DE LA PRUEBA
8. CONTESTACIÓN AL CUESTIONARIO PLANTEADO POR LA PARTE CONTRARIA (SI ES QUE EXISTE)
9. CONCLUSIONES
10. MATERIAL UTILIZADO

---

[24] **OBSERVACIÓN IMPORTANTE:** Esta parte es ilustrativa, en virtud, de que contiene aspectos personales para realizar dictámenes periciales con conocimientos adquiridos durante años de estudio y trabajo grafoscópico y documentoscópico. Está basado en más de veinticinco diplomados, tanto en México, como en España y Argentina, haciendo la aclaración de que cada perito tiene un método, una forma y un estilo para realizar sus dictámenes periciales, lo que es permitido y respetado. La idea de presentar este trabajo sobre PERITAJES, tiene como finalidad que algún detalle relacionado con mi forma de estudio y presentación en la forma de demostrar el resultado del mismo, pueda ser útil a otros peritos, jueces, licenciados o estudiantes.

1.- PROBLEMA PLANTEADO.

En esta parte del peritaje, se transcribe el cuestionario ofrecido por la parte oferente de la prueba y en caso de ampliación por parte de la contraria o contrarias. También se hace la transcripción del o de los cuestionarios.

En esta misma parte, después del o los cuestionarios se enlistan y numeran las fotografías de la escritura y/o firma o firmas dubitadas y las indubitadas debiendo mostrar todas las existentes sin importar el número.

Una vez que se tienen los cuestionarios y enlistadas todas las fotografías, se realiza un estudio profundo de todas las firmas o grafías parte por parte, ayudándonos ello a darnos cuenta cual es el problema que se tiene que resolver.

EJEMPLO DE ENLISTADO DE FIRMAS:

FIRMAS DUBITADAS O PROBLEMA

A.- FIRMA DUBITADA SEMILEGIBLE ATRIBUÍDA AL C. ÓSCAR RE... QUE SE ENCUENTRA PLASMADA EN UN CONTRATO (HOJA 1) CUYO ORIGINAL ES VISIBLE A FOJAS 75 DE LOS AUTOS. FIRMA QUE SE LOCALIZA EN EL MARGEN DERECHO PARTE MEDIA.

B.- FIRMA DUBITADA SEMILEGIBLE ATRIBUÍDA AL C. ÓSCAR RE… QUE SE ENCUENTRA PLASMADA EN UN CONTRATO (HOJA 2) CUYO ORIGINAL ES VISIBLE A FOJAS 76 DE LOS AUTOS. FIRMA QUE SE LOCALIZA EN EL MARGEN DERECHO PARTE MEDIA.

C.- FIRMA DUBITADA SEMILEGIBLE ATRIBUÍDA AL C. ÓSCAR RE……. QUE SE ENCUENTRA PLASMADA EN UN CONTRATO (HOJA 3) CUYO ORIGINAL ES VISIBLE A FOJAS 77 DE LOS AUTOS. FIRMA QUE SE LOCALIZA EN EL MARGEN DERECHO PARTE MEDIA.

D.- FIRMA DUBITADA SEMILEGIBLE ATRIBUÍDA AL C. ÓSCAR RE……. QUE SE ENCUENTRA PLASMADA EN UN CONTRATO (HOJA 4) CUYO ORIGINAL ES VISIBLE A FOJAS 78 DE LOS AUTOS. FIRMA QUE SE LOCALIZA EN EL MARGEN DERECHO PARTE MEDIA.

E- FIRMA DUBITADA SEMILEGIBLE ATRIBUÍDA AL C. ÓSCAR RE……. QUE SE ENCUENTRA PLASMADA EN UN CONTRATO (HOJA 5) CUYO ORIGINAL ES VISIBLE A FOJAS 79 DE LOS AUTOS. FIRMA QUE SE LOCALIZA EN EL MARGEN DERECHO PARTE MEDIA.

F.- FIRMA DUBITADA SEMILEGIBLE ATRIBUÍDA AL C. ÓSCAR RE…..QUE SE ENCUENTRA PLASMADA EN UN CONTRATO (HOJA 6) CUYO ORIGINAL ES VISIBLE

A FOJAS 80 DE LOS AUTOS. FIRMA QUE SE LOCALIZA EN EL MARGEN DERECHO PARTE MEDIA.

FIRMAS INDUBITADAS O TESTIGO

1.- FIRMA INDUBITADA SEMILEGIBLE EN ESCRITO INICIAL DE DEMANDA A FOJAS 5 DE AUTOS, PLASMADA POR LA PERSONA QUE ANTE EL H. JUZGADO EN QUE SE ACTÚA DIJO SER ÓSCAR RE…

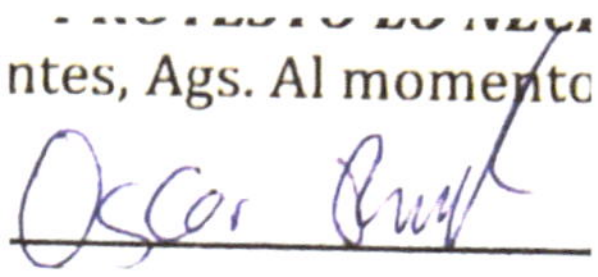

2.- FIRMA INDUBITADA SEMILEGIBLE EN ESCRITO DE OTORGAMENTO DE PODER A FOJAS 6 DE AUTOS, PLASMADA POR LA PERSONA QUE ANTE EL H. JUZGADO EN QUE SE ACTÚA DIJO SER ÓSCAR RE…

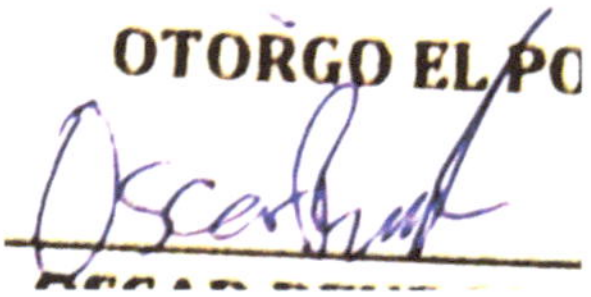

3.- FIRMA INDUBITADA SEMILEGIBLE EN AUDIENCIA CONFESIONAL DE ABSOLUCIÓN DE POSICIONES A CARGO DEL C. ÓSCAR RE… A FOJAS 115 VUELTA DE AUTOS, PLASMADA POR LA PERSONA QUE ANTE EL H. JUZGADO EN QUE SE ACTÚA DIJO SER ÓSCAR RE…

4.- FIRMA INDUBITADA SEMILEGIBLE EN AUDIENCIA A FOJAS 117 DE AUTOS PLASMADA POR LA PERSONA QUE ANTE EL H. JUZGADO EN QUE SE ACTÚA DIJO SER ÓSCAR RE…

5.- FIRMA INDUBITADA SEMILEGIBLE EN PLIEGO DE POSICIONES FOJAS 118 DE AUTOS, PLASMADA POR LA PERSONA QUE EL ANTE H. JUZGADO EN QUE SE ACTÚA DIJO SER ÓSCAR RE…

6.- FIRMA INDUBITADA SEMILEGIBLE PLASMADA POR LA PERSONA QUE ANTE LA FE DE SECRETARÍA DEL H. JUZGADO EN QUE SE ACTÚA, EN AUDIENCIA DE TOMA DE MUESTRA DE ESCRITURA PEDIDA POR EL PERITO RUBÉN LÓPEZ LANDEROS DIJO SER Y SE IDENTIFICÓ COMO EL C. ÓSCAR RE… FIRMA VISIBLE SOBRE LA PRIMERA LÍNEA DE RECTÁNGULO PARTE IZQUIERDA.

7.- FIRMA INDUBITADA SEMILEGIBLE PLASMADA POR LA PERSONA QUE ANTE LA FE DE SECRETARÍA DEL H. JUZGADO EN QUE SE ACTÚA, EN AUDIENCIA DE TOMA DE MUESTRA DE ESCRITURA PEDIDA POR EL PERITO RUBÉN LÓPEZ LANDEROS DIJO SER Y SE IDENTIFICÓ COMO EL C. ÓSCAR RE... FIRMA VISIBLE SOBRE LA PRIMERA LÍNEA DE RECTÁNGULO PARTE DERECHA.

8.- FIRMA INDUBITADA SEMILEGIBLE PLASMADA POR LA PERSONA QUE ANTE LA FE DE SECRETARÍA DEL H. JUZGADO EN QUE SE ACTÚA, EN AUDIENCIA DE TOMA DE MUESTRA DE ESCRITURA PEDIDA POR EL PERITO RUBÉN LÓPEZ LANDEROS DIJO SER Y SE IDENTIFICÓ COMO EL C. ÓSCAR RE... FIRMA VISIBLE SOBRE LA SEGUNDA LÍNEA DE RECTÁNGULO PARTE IZQUIERDA.

9.- FIRMA INDUBITADA SEMILEGIBLE PLASMADA POR LA PERSONA QUE ANTE LA FE DE SECRETARÍA DEL H. JUZGADO EN QUE SE ACTÚA, EN AUDIENCIA DE TOMA DE MUESTRA DE ESCRITURA PEDIDA POR EL PERITO RUBÉN LÓPEZ LANDEROS DIJO SER Y SE IDENTIFICÓ COMO EL C. ÓSCAR RE... FIRMA VISIBLE

SOBRE LA SEGUNDA LÍNEA DE RECTÁNGULO PARTE DERECHA.

2.- PROBLEMA A RESOLVER.

Una vez que se ha analizado cual es el problema que se ha planteado, se tiene que meditar pericialmente cual va a ser el sistema adecuado y qué elementos vamos a tomar en cuenta para demostrar el resultado analizado. Tomando como ejemplo las firmas anteriores, el problema a resolver de ese caso es el siguiente:

Dictaminar si las siete firmas dubitadas fueron plasmadas o no, por el puño y letra de la persona que al realizar la muestra de escritura y firmas, dijo ser y se identificó como el C. ÓSCAR RE...

3.- ESTRUCTURACIÓN DEL MARCO TEÓRICO, LEY Y PRINCIPIOS DEL GRAFISMO APLICADOS AL PERITAJE.

Muy importante es tener en consideración, cuál es el marco teórico que vamos a tomar en cuenta para llegar a nuestro estudio pericial y ello es de acuerdo al problema que vamos a resolver, debiendo describir las definiciones de aquellas materias que se aplicarán al peritaje como pueden ser grafoscopía, documentoscopía, grafometría, alteración, falsificación, tipos de falsificación, firma, tipos de firma, que leyes o principios de la escritura se tomarán en cuenta[25] (de

[25] Véase: Capítulo IV Leyes y principios de la escritura.

acuerdo a autores como MANUEL SOLANGE PELLAT, FELIX DEL VAL LATIERRO o algún otro autor), y otras cuestiones que sean necesarias para ilustrar al juzgador y que se nos pidan en el cuestionario o en los cuestionarios.

Si se utilizan palabras técnicas, también debemos definirlas al juzgador con la finalidad de que no tenga dudas de lo que vamos a dictaminar.

4.- EXPLICACIÓN DE CÓMO SE VA A REALIZAR EL ESTUDIO.

Una vez que ya se tienen los elementos del problema planteado y del problema a resolver, se dirá al juzgador cómo se realizará el estudio pericial, ejemplo:

Primero.- Se realizará un estudio grafoscópico de las firmas dubitadas plasmadas en contrato de compraventa.

Segundo.- Se realizará un estudio grafoscópico de las firmas indubitadas.

Tercero.- Se realizará un estudio comparativo del resultado grafoscópico entre las firmas dubitadas y las seis firmas indubitadas.

Cuarto.- Se dirá el resultado del estudio.

5.- ESTUDIO PERICIAL.

Considero que esta parte del dictamen es la más importante y la base fundamental del dictamen pericial, en este punto se resolverá el fondo del asunto, realizando un estudio profundo gráfico de todos los elementos dubitados e indubitados que se tienen, tratando de indicar lo más perfecto y científico el estudio que se realiza. Se demostrará si existen falsificaciones o no, si existen alteraciones o no y en caso positivo en qué consisten y porqué llegamos a esa dictaminación, en fin, se tiene que indicar e ilustrar lo más perfecto que se pueda al juzgador lo que se encontró en el estudio.

Mencionar cual es la forma más idónea para realizar el estudio pericial, sería muy aventurado, ya que para resolver cada problema pericial que se plantea, el estudio es diferente y el procedimiento será realizado de acuerdo al criterio de cada perito.

ESTUDIO PERICIAL DE LAS CARACTERÍSTICAS GENERALES[26].

En lo personal el estudio pericial lo inicio con el análisis comparativo de las características generales entre la firma (s) o escritura (s) dubitada (s), con la firma (s) o escritura (s) indubitadas o testigo. En la descripción de las características generales, que son importantísimas para el estudio pericial, es necesario realizar una ilustración al juzgador del estudio comparativo, con la finalidad de demostrar si existen grafías parecidas o no, ya que en caso contrario solo se le dirá el resultado y el juzgador tendrá que realizar la investigación y ponerse a estudiar como perito. En seguida se ejemplifica el resultado del estudio de las características generales[27]:

---

[26] Véase: Capítulo V de Características Generales de la Escritura.

[27] Ejemplo práctico del estudio de las características generales en un peritaje (criterio personal). Para checar definiciones sobre el tema véase: Capítulo V de Características Generales de la Escritura.

En un peritaje en grafoscopía realicé el estudio sobre las características generales y las analizadas fueron: número de momentos gráficos, alineamiento básico, dirección, presión muscular, caja de la escritura, velocidad del trazado, promedio de inclinación, espacios intergramaticales, calidad de línea, angulosidad, ornamentación, tipo de letra, habilidad escritural, número de momentos gráficos.

En cuanto al número de momentos gráficos, únicamente se señalará el número y en cuanto a la explicación detallada de cada movimiento se hará por separado en el estudio en cuanto a las particularidades morfológicas.

NÚMERO DE MOVIMIENTOS GRÁFICOS.

El número de movimientos gráficos encontrados tanto en la firma dubitada como en las firmas indubitadas son tres:

Primer movimiento gráfico; el firmante escribe encimadas las letras "J" del apellido Jiménez y la letra "G" del apellido Gómez.

Segundo movimiento gráfico; el firmante escribe el nombre Claudio.

Tercer movimiento gráfico; el firmante escribe el punto de la letra "i".

FIRMAS ORIGINALES **FIRMAS SEPARANDO LOS MOVIMIENTOS GRÁFICOS**

ALINEAMIENTO BÁSICO.

El alineamiento básico aplicado es irregular, la parte inferior tiene subidas y bajadas tanto en la firma dubitada como en las firmas indubitadas.

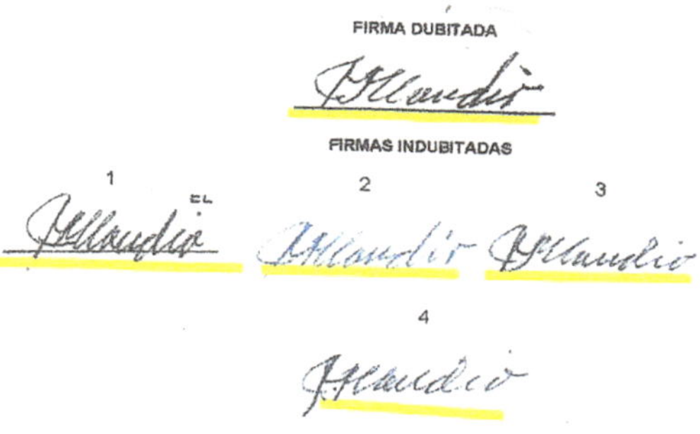

DIRECCIÓN.

La dirección aplicada en este peritaje, tanto en la firma dubitada como en las firmas indubitadas es horizontal.

FIRMA DUBITADA

FIRMAS INDUBITADAS

1 2 3

4

PRESIÓN MUSCULAR.

La presión muscular aplicada es apoyada tanto en la firma dubitada como en las firmas indubitadas, las líneas de las letras no tienen temblores.

FIRMA DUBITADA

FIRMAS INDUBITADAS

1 2 3

4

CAJA DEL RENGLÓN DE LA ESCRITURA.

Se determina que el cajón es mediano tanto en la firma dubitada como en las firmas indubitadas.

FIRMA DUBITADA

FIRMAS INDUBITADAS

1 2 3

4

VELOCIDAD DEL TRAZADO.

La velocidad que se aplica es rápida, tanto en la firma dubitada como en las firmas indubitadas, se observan los puntos de la letra “i” adelantados y plasmados sobre la letra ”o”.

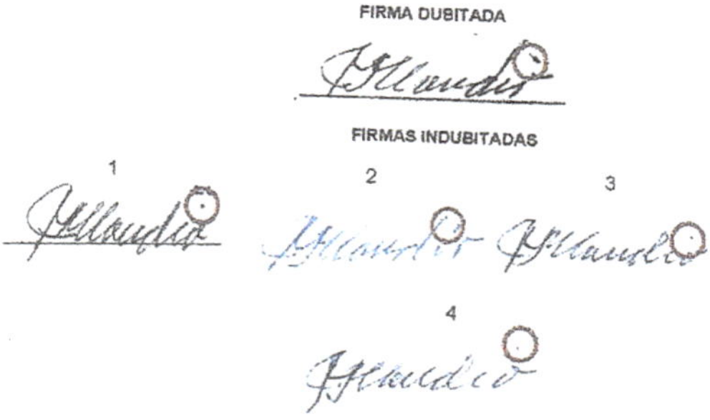

FIRMA DUBITADA

FIRMAS INDUBITADAS

1 2 3

4

PROMEDIO DE INCLINACIÓN.

La inclinación es a la derecha tanto en la firma dubitada como en las firmas indubitadas.

FIRMA DUBITADA

FIRMAS INDUBITADAS

1 2 3

4

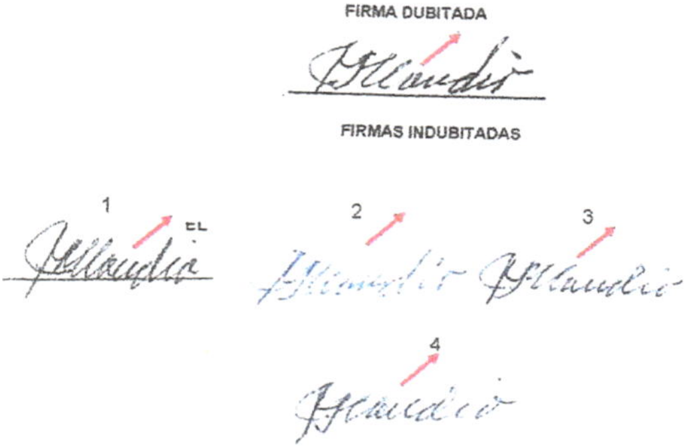

ENLACES INTERGRAMATICALES.

El enlace es aglutinado, las letras se encuentran completamente unidas, tanto en la firma dubitada, como en las firmas indubitadas.

FIRMA DUBITADA

FIRMAS INDUBITADAS

1 3 4

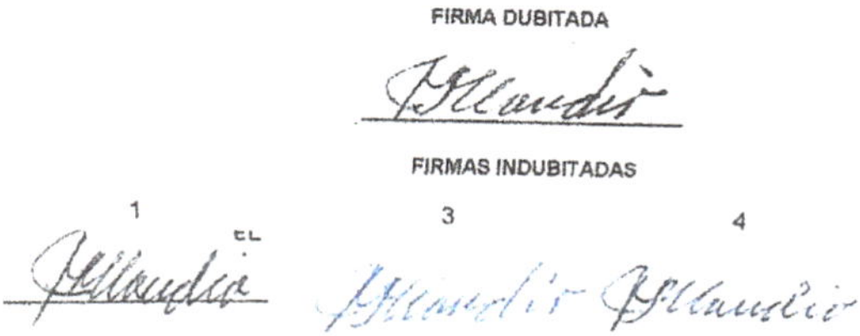

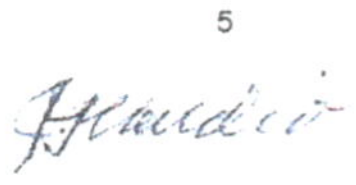

5

CALIDAD O TENSIÓN DE LÍNEA.

La calidad de línea es buena, tanto en la firma dubitada como en las firmas indubitadas, en virtud, de que no existen líneas temblorosas.

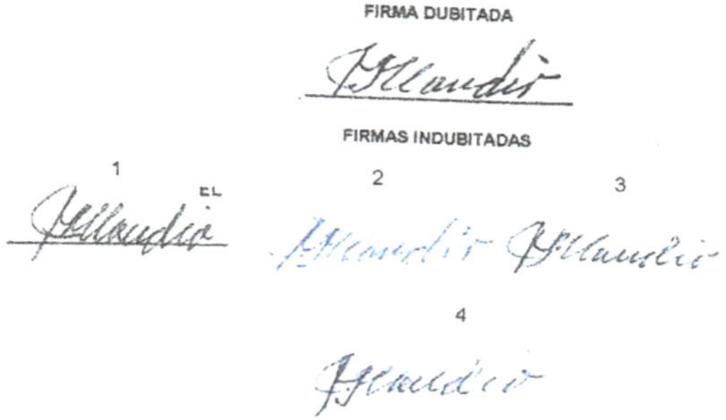

FIRMA DUBITADA

FIRMAS INDUBITADAS

1 2 3

4

ANGULOSIDAD.

La angulosidad de las firmas es mixta, ya que existen tanto formas angulosas como curvas, tanto en la firma dubitada como en las firmas indubitadas.

FIRMA DUBITADA

FIRMAS INDUBITADAS

1 2 3

4

ORNAMENTACIÓN.

Existe ornamentación en la escritura de la letra "G", tanto en la firma dubitada como en las firmas indubitadas.

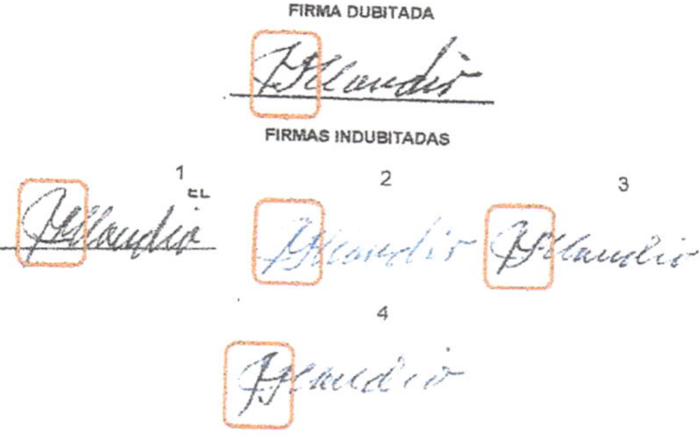

TIPO DE LETRA.

Poco legible, tanto en la firma dubitada como en las firmas indubitadas, ya que no se alcanza a notar la letra "C" del nombre Claudio, solo se advierten dos líneas diagonales con gaza ovalada de las letras "Cl" de dicho nombre.

HABILIDAD ESCRITURAL.

La escritura es Hábil, tanto en la firma dubitada como en las firmas indubitadas, en virtud, de la existencia de parecidos gráficos que realiza el firmante.

Una vez realizado el estudio comparativo de las características generales y aunado al estudio que en su momento realicé de las particularidades morfológicas de la firma dubitada contra las cuatro firmas indubitadas, dictaminé que todas fueron plasmadas por el mismo puño y letra de la persona que el realizar los trámites ante el INE dijo ser y se identificó como el C. CLAUDIO JIMÉNEZ GÓMEZ.

ESTUDIO PERICIAL DE LAS PARTICULARIDADES MORFOLÓGICAS[28].

Una vez realizado el estudio de las características generales, se debe realizar el análisis comparativo de las particularidades morfológicas entre la firma (s) o escritura (s) dubitada (s), con la firma (s) o escritura (s) indubitadas o testigo. De igual manera que con las características generales, hay que realizar una ilustración al juzgador del estudio comparativo de las particularidades morfológicas, con la finalidad de demostrar si existen rasgos parecidas o no, ya que en caso contrario, solo se le dirá el resultado y el juzgador tendrá que realizar la investigación y ponerse a estudiar como perito. En seguida se ejemplifica el mismo caso anterior analizado para las características generales, pero ahora respecto del estudio de las particularidades morfológicas.

[28] Véase: Capítulo VI Particularidades Morfológicas o Grupo de Gestos Gráficos.

EJEMPLO PRIMER CASO DE ESTUDIO PERICIAL EN CUANTO A PARTICULARIDADES MORFOLÓGICAS.

Siguiendo como ya se mencionó con el ejemplo de la firma del C. Claudio Jiménez Gómez, la cual consta de tres movimientos gráficos, se analizan las particularidades de cada movimiento gráfico, recordando que los movimientos gráficos se cuentan desde que el útil inscriptor toca el soporte, hasta que se despega, pudiendo existir varios en una sola palabra.

Así pues, tuve a la vista una firma dubitada y cuatro indubitadas, las cuales presentaban una escritura encimada, lo que dificultaba el estudio, por lo que opté por hacer una separación de movimientos gráficos para resolver el problema, haciéndolo en la forma siguiente:

FIRMAS QUE TUVE A LA VISTA EN DOCUMENTOS ORIGINALES.

FIRMAS INDUBITADAS

1 2

FIRMA DUBITADA

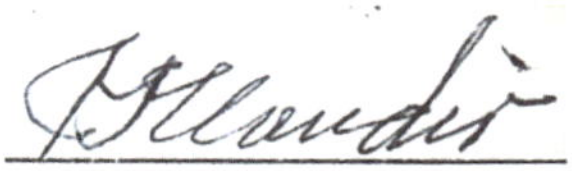

FIRMAS INDUBITADAS

3 4

Al realizar la separación de los movimientos gráficos, encontré que las firmas estaban suscritas en tres movimientos gráficos.

MOVIMIENTOS GRÁFICOS ENCONTRADOS (TRES).

FIRMAS INDUBITADAS

1 2

FIRMA DUBITADA.

FIRMAS INDUBITADAS

3 4

ESTUDIO DEL PRIMER MOVIMIENTO GRÁFICO.

FIRMAS INDUBITADAS

1 2

FIRMA DUBITADA

FIRMAS INDUBITADAS

3 **4**

El firmante, tanto en las firmas dubitadas, como en las firmas indubitadas, comienza el movimiento con una línea horizontal de derecha a izquierda, deja una forma arqueada y sube dejando una forma de triángulo, en la parte superior deja un ángulo y baja con una línea diagonal escribiendo la letra "J" del apellido Jiménez, sube sobre la misma línea y sin despegar el útil inscriptor, escribe una línea curva hacia la derecha y en la parte superior deja una gaza ovalada pequeña, baja con una línea diagonal y traza una línea curva formando con ello, la letra "G" del apellido Gómez.

ESTUDIO DEL SEGUNDO MOVIMIENTO GRÁFICO.

FIRMAS INDUBITADAS

1 **2**

FIRMA DUBITADA

FIRMAS INDUBITADAS

3 4

En este segundo movimiento, el firmante, tanto en la firma dubitada, como en las firmas indubitadas, escribe el nombre "Claudio" en la forma siguiente:

Comienzan las firmas dubitadas y las indubitadas, con una forma como letra "z" con formas irregulares, uniéndose a la letra "C" por medio de una línea diagonal. Las letras "C", tanto en las firmas dubitadas, como en las indubitadas, están escritas por medio de una pequeña gaza ovalada y una línea arqueada y se une a la letra "l" por medio de una forma arqueada.

Las letras "l", tanto en las firmas dubitadas, como en las indubitadas, están delineadas con una línea diagonal, en la parte superior deja una gaza ovalada, baja y se une a la letra "a" por medio de una línea arqueada. Las letras "a", tanto en las firmas dubitadas, como en las indubitadas, como en las indubitadas, están escritas por medio de una forma ovalada que deja en la línea de la derecha una forma de letra "e" se une a la letra "u" por medio de una línea arqueada.

Las letras "u", tanto en las firmas dubitadas, como en las indubitadas, están plasmadas por dos líneas diagonales dobles en la parte superior y en medio de ellas, una forma arqueada, se une a la letra "d" por medio de una forma arqueada. Las letras "d", tanto en las firmas dubitadas, como en las indubitadas, están suscritas en la parte izquierda por medio de una forma curva y sube hacia la parte superior dejando una forma de gaza ovalada grande, se une a la letra "i" por medio de otra forma arqueada. Las letras "i", tanto en las firmas dubitadas, como en las indubitadas, están plasmadas con dos arcos en las esquinas y una línea doble en la parte media, se une a la letra "o" por medio de una forma arqueada.

Las letras "o", tanto en las firmas dubitadas, como en las indubitadas, están escritas en forma ovalada, unas abiertas, otras cerradas, teniendo como grafía parecida una terminación en la parte superior derecha una línea curva. Existiendo gran parecido gráfico casi idéntico entre la letra "o" de la firma dubitada con la letra "o" de la firma indubitada 2, en la que se observa que la línea diagonal de la firma dubitada es más grande en la parte superior que la firma indubitada 2.

ESTUDIO DEL TERCER MOVIMIENTO GRÁFICO.

FIRMAS INDUBITADAS

1 2

FIRMA DUBITADA

FIRMAS INDUBITADAS

3 4

El firmante escribe un punto ortográfico en diversa forma de la letra "i", sobre la letra "o".

OBSERVACIÓN IMPORTANTE.- La firma indubitada "1" fue plasmada en el año 1993 y la firma dubitada en el año 2009, habiendo transcurrido 16 años entre la escritura de las firmas. Las otras tres firmas indubitadas, las escribió en ese lapso de tiempo de 16 años, siendo que el firmante nunca perdió su grafía, recordando que se aplica la ley de Solange Pellat y el principio de Félix del Val la Tierro en que establecen que la escritura de una persona nunca es igual, pero sí se mantiene la grafía. Este caso puede considerarse como un ejemplo de "Autoría en la escritura", de acuerdo al capítulo VIII, de este libro.

EJEMPLO SEGUNDO CASO DE ESTUDIO PERICIAL EN CUANTO A PARTICULARIDADES MORFOLÓGICAS.

En otro asunto, se me nombró para dictaminar si la escritura plasmada en los datos de un pagaré base de la acción, pertenecían al actor y lo resolví de la forma siguiente:

ESCRITURA DUBITADA DEL PAGARÉ BASE DE LA ACCIÓN.

Primera línea de escritura manuscrita, **cantidad en número de la suerte principal**

Segunda línea de escritura manuscrita, **lugar y fecha de expedición**

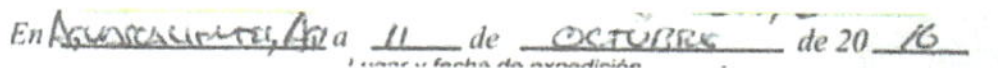

Tercera línea de escritura manuscrita, **nombre de la persona a quien debe pagarse** (se borra el nombre del dueño del pagaré por cuestiones de privacidad y seguridad)

Cuarta línea de escritura manuscrita, **lugar y fecha de pago**

Quinta línea de escritura manuscrita, **cantidad suerte principal letra**

Sexta línea de escritura manuscrita, **cantidad de interés mensual**

de 3.08

Datos del deudor principal (se borra el nombre del dueño del pagaré por cuestiones de privacidad y seguridad)

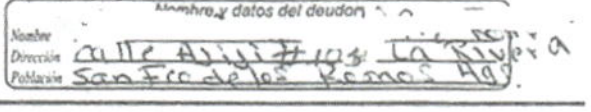

En este asunto pericial se tomaron muestras de escritura al actor dueño del pagaré y a los licenciados endosatarios en procuración por así haberse ofrecido en el cuestionario pericial, y realicé un estudio comparativo en forma individual de las personas que habían realizado las muestras de escritura, encontrando que toda la escritura y números plasmados en el pagaré base de la acción, pertenecían al puño y letra del actor Miguel "N" N", por lo que realicé el estudio comparativo en la siguiente forma:

ESTUDIO COMPARATIVO DE LAS PARTICULARIDADES MORFOLÓGICAS RENGLÓN POR RENGLÓN, DE LA PARTE ANVERSA.

ESTUDIO DE LA PRIMERA LÍNEA DE ESCRITURA MANUSCRITA.

NÚMERO DUBITADO

NÚMEROS INDUBITADOS DEL PUÑO Y LETRA DEL C. MIGUEL "N" "N" A FOJAS 57 DE AUTOS

Se encuentra en las cantidades sujetas a estudio, un parecido gráfico entre las particularidades morfológicas de los números, debiéndose tomar en cuenta el principio de que una persona no escribe siempre igual.

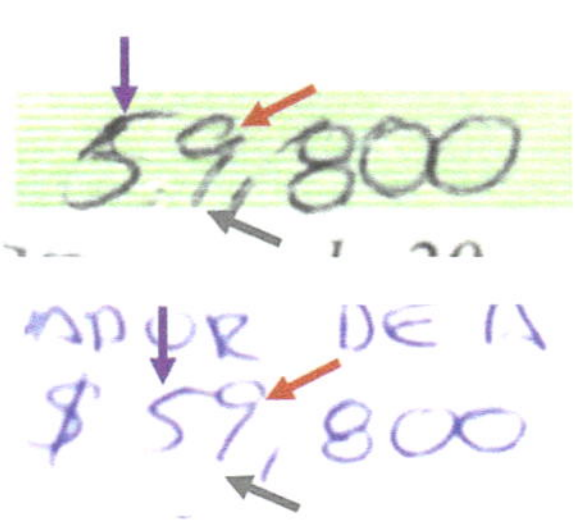

a.- Los números "5" de ambas cantidades en la parte superior están escritos en forma rectangular, pegando la parte superior derecha al número "9", las partes inferiores se encuentran escritas en forma de arco.

b.- Los números "9" de ambas cantidades, tienen una grafía en la parte superior en forma ovalada despegada y con un ganchito en la parte superior derecha, terminando con una línea diagonal en la parte derecha.

c.- Los números "8" de ambas cantidades, están suscritos por medio de dos formas circulares pegadas en la parte media.

d.- Los números "0" de ambas cantidades, están suscritos por medio de formas circulares con pequeños cruces en la parte superior.

e.- Importante es resaltar la existencia de una igualdad gráfica entre las particularidades morfológicas de ambas cantidades, consistente en un signo ortográfico en forma de coma, que separa los miles de los cientos de pesos, la cual está escrita por medio de una pequeña línea diagonal.

ESTUDIO DE LA SEGUNDA LÍNEA DE ESCRITURA MANUSCRITA.

ESCRITURA DUBITADA

AMPLIACIÓN DE LA FOTOGRAFÍA

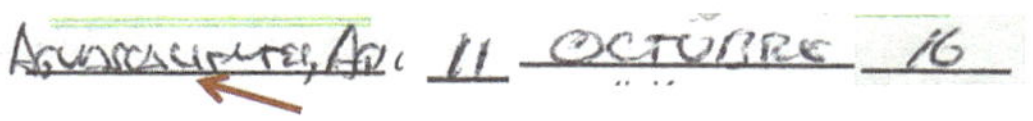

ESCRITURA INDUBITADA A FOJAS 52 DE AUTOS (1), (5), (7), MUESTRA DE ESCRITURA DEL C. MIGUEL "N""N"

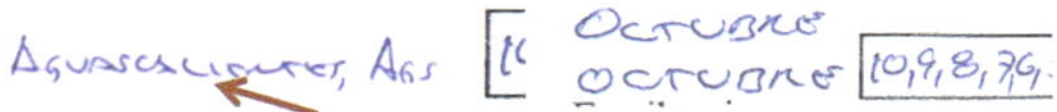

Las palabras Aguascalientes tienen un mismo parecido gráfico en las particularidades morfológicas que las identifican como plasmadas por una misma persona. Las letras "A" en forma triangulada; las letras "G" en forma de arco y una forma curva en la parte inferior; las letras "L" como línea curva; la letra "t", como letra "r" y hasta un signo ortográfico en forma de coma al final.

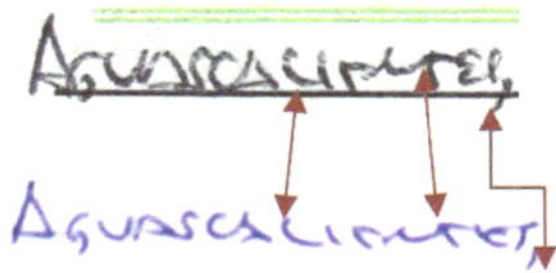

El primer número "1" de los días 11, tiene un parecido gráfico por medio de un ganchito en la parte inferior.

Por lo que respecta a las palabras del mes OCTUBRE, también se encuentran demasiados parecidos gráficos en las particularidades morfológicas que las identifican como escritas por una misma persona. Las letras "O" circulares con terminación en ganchito en la parte media superior; las letras "C" cortas al principio y largas al final; las letras "B"

con terminación en curvas cortas; las letras "E" con líneas irregulares.

En el año "16" los números "1" de los días tienen un parecido gráfico por medio de un ganchito en la parte inferior, los números "6" con una forma curva larga y terminación en gancho.

ESTUDIO DE LA TERCERA LÍNEA DE ESCRITURA MANUSCRITA.

(No se ilustra el nombre, por no tener permiso del dueño del pagaré)

ESTUDIO DE LA CUARTA LÍNEA DE ESCRITURA MANUSCRITA.

LUGAR Y FECHA DE PAGO

Lugar de pago
el 12 / OCTUBRE / 2016
Fecha del pago

en
Lugar

12 / OCTUBRE / 2016

Las palabras Aguascalientes tienen un mismo parecido gráfico en las particularidades morfológicas que las identifican como plasmadas por una misma persona. Las letras "A" en forma triangulada; las letras "G" en forma de arco y una forma curva en la parte inferior; las letras "L" y hasta un signo ortográfico en forma de coma al final.

Por lo que respecta a las palabras del mes OCTUBRE, también se encuentran demasiadas igualdades gráficas en las características generales y las particularidades morfológicas que las identifican como escritas por una misma persona; las letras "O" circulares con terminación en ganchito; las letras "C" cortas al principio y largas al final; las letras "B" con terminación en curvas cortas; las letras "E" con líneas irregulares, arqueada al principio y en forma de "s" al final.

En el año "2016" tanto el plasmado en el pagaré base de la acción como en la muestra de escritura plasmada por el C. MIGUEL "N" "N" a fojas 57 parte inferior, la grafía de las características generales y las particularidades morfológicas de todos los números coinciden en su escritura, por lo que no queda duda de que fueron suscritos por el puño y letra de una misma persona.

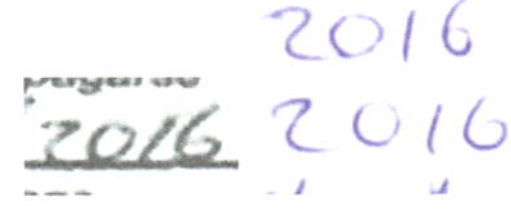

ESTUDIO DE LA QUINTA LÍNEA DE ESCRITURA MANUSCRITA.

CANTIDAD SUERTE PRINCIPAL LETRA

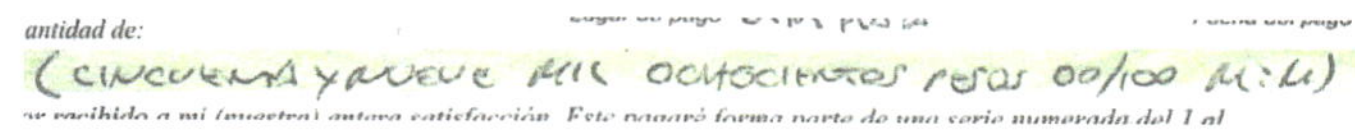

En la cantidad de suerte principal escrita con letra tanto en el pagaré base de la acción, como en la muestra de escritura plasmada por el C. MIGUEL "N" "N" a fojas 57 parte inferior, la grafía de las particularidades morfológicas de todos los números coinciden en su escritura por lo que no queda duda de que fueron suscritos por el puño y letra de una misma persona.

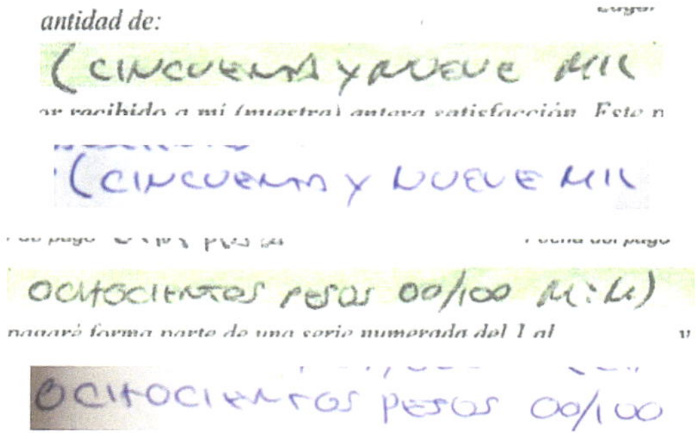

ESTUDIO DE LA SEXTA LÍNEA DE ESCRITURA MANUSCRITA.

La cantidad del interés mensual tanto en el pagaré base de la acción, como en la muestra de escritura plasmada por el C. MIGUEL "N" "N" a fojas 58, la grafía de las particularidades morfológicas de todos los números coinciden en su escritura, por lo que, no queda duda de que fueron suscritos por el puño y letra de una misma persona.

CANTIDAD DE INTERÉS MENSUAL

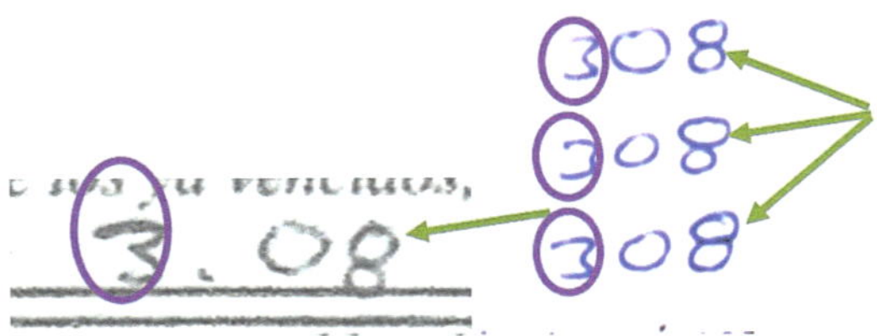

DATOS DEL DEUDOR PRINCIPAL EN ESCRITURA MANUSCRITA

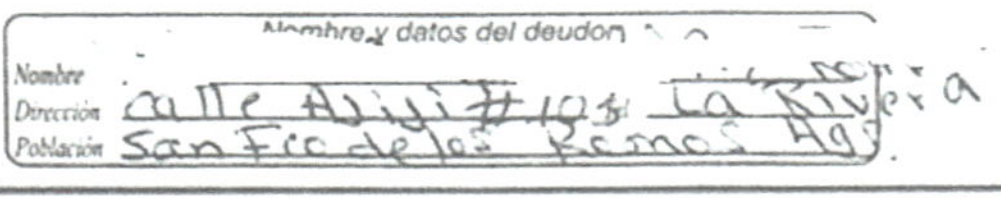

Al tener a la vista las letras y números que se encuentran plasmados en el lugar de los DATOS DEL DEUDOR del pagaré base de la acción y confrontarlos con la escritura plasmada por el C. MIGUEL "N" "N", se comprueba que la letra plasmada en dicho espacio de los DATOS DEL DEUDOR, no fueron suscritos por la persona mencionada, por lo que, al no tener muestras de escritura de la demandada o de otras terceras personas, no se puede dictaminar qué persona llenó los espacios de los DATOS DEL DEUDOR del pagaré motivo del peritaje.

Al final del estudio llegué a las siguientes:

CONCLUSIONES

A.- La grafía manuscrita de los datos suscritos en la parte anterior del pagaré base de la acción referidos; la cantidad en número de la suerte principal; lugar y fecha de expedición; nombre de la persona a quien debe pagarse; lugar y fecha de pago y; la cantidad de suerte principal con letra y cantidad de interés mensual, fueron plasmados por el puño y letra de la persona que al realizar las muestras de escritura ante la fe de la secretaría del H. Juzgado en que se actúa, dijo ser y se identificó como el C. MIGUEL "N" "N".

B.- No se puede dictaminar qué persona o personas suscribieron la escritura manuscrita del lugar del nombre y datos del deudor del pagaré, por no existir tomas de muestras de escritura diferentes a la de los C.C. MIGUEL "N" Y MARIA" "N" y ellos no plasmaron dichos datos.

EJEMPLO TERCER CASO DE ESTUDIO PERICIAL EN CUANTO A LAS PARTICULARIDADES MORFOLÓGICAS.

Se me nombró en un peritaje para dictaminar si las firmas que se encontraban en varias hojas de en contrato, habían sido plasmadas por una persona que negaba haberlas suscrito.

En este caso en que existen varias firmas dubitadas y varias firmas indubitadas, para efectos de identificación, pongo letras sobre las firmas dubitadas y números en las indubitadas.

ESTUDIO DE LAS PARTICULARIDADES MORFOLÓGICAS EN CUANTO AL NOMBRE.

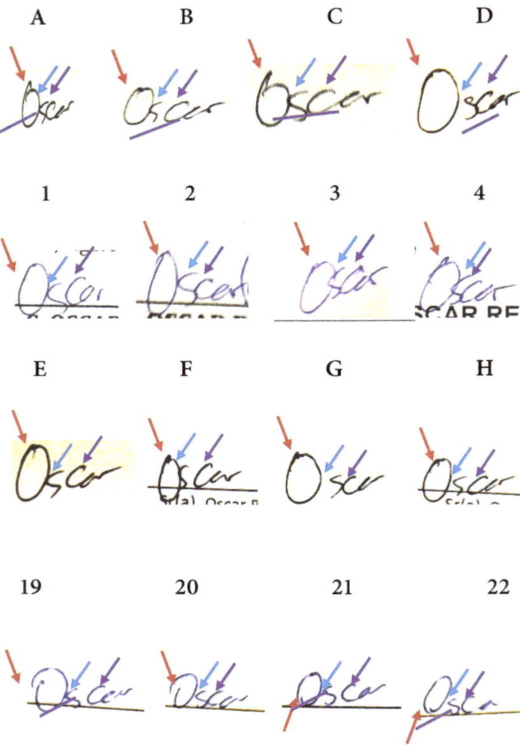

Las firmas indubitadas 1, 2, 3 y 4, fueron plasmadas por el firmante en varias audiencias ante la fe de la Secretaría del Juzgado, las firmas 19, 20, 21 y 22, fueron suscritas por la misma persona en audiencia de toma de muestras de escritura y firmas. Se observa que el firmante trata de cambiar su grafía, pero solo en las letras "O" en las que escribe en las dos primeras una terminación alargada sin cruce y en las otras dos, un cruce en la parte inferior izquierda, tratando de engañar a su propio cerebro, pero la demás grafía la escribió igual. Por lo que encontré los siguientes parecidos gráficos:

PRIMER PARECIDO GRÁFICO.- Las letras "O" de las firmas dubitadas y las indubitadas (con excepción de las firmas indubitadas 23 y 24), fueron suscritas por medio de una forma ovalada más grande que la caja de la escritura, teniendo como grafía parecida, un cruce en la parte superior izquierda, en unas firmas corta y en otras larga, haciendo la aclaración de que en las firmas 23 y 24, el firmante realiza el cruce en la parte inferior izquierda de la letra.

SEGUNDO PARECIDO GRÁFICO. Todas las letras "s", de las firmas dubitadas y las indubitadas inician con una forma de arco en la parte superior con abertura a la derecha y una línea diagonal en la parte inferior. En algunas firmas dubitadas y las indubitadas, la letra "s" se encuentra pegada a la letra "O", como se indica con flechitas, aun en las firmas plasmadas en audiencia de toma de muestras de escritura.

TERCER PARECIDO GRÁFICO.- Todas las letras "c", tanto en las firmas dubitadas, como en las firmas indubitadas, comienzan en la parte inferior derecha, **con un pequeño ganchito.** Sigue la grafía de todas las firmas con una forma de medio arco, uniéndose a las letras "a" con una pequeña línea ascendente.

CUARTO PARECIDO GRÁFICO.- En cuanto a las últimas letras "ar", tanto en las firmas dubitadas, como en las firmas indubitadas, se encuentran suscritas en cuanto a las letras "a", con una forma ovalada angosta y abertura en la parte superior derecha. Las letras "r" por medio de un angulito y una pequeña línea diagonal.

ESTUDIO DE LAS PARTICULARIDADES MORFOLÓGICAS EN CUANTO AL APELLIDO.

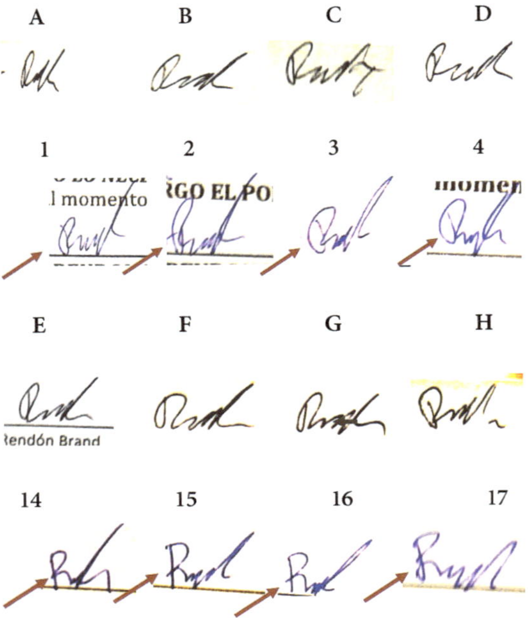

Como puede observarse, en las firmas indubitadas 1, 2, 3, y 4 que se encuentran plasmadas relativamente en varios documentos y audiencias ante la fe de la Secretaría del Juzgado, el firmante escribe la letra "R" en la parte izquierda por medio de una gaza ovalada, y en las firmas 14,15, 16 y 17, la misma persona escribe una línea diagonal tratando de engañar a su propio cerebro, pero la demás grafía tiene parecido a la grafía tanto de las firmas dubitadas (señaladas con letra mayúscula con las que se identificaron), como de las demás firmas indubitadas (señaladas con número), por lo que al final, llegué al siguiente resultado:

PRIMER PARECIDO GRÁFICO.- Aun cuando el firmante ÓSCAR RE... al realizar las muestras de escritura y firmas ante la fe de la Secretaría del H. Juzgado en que se actúa escribe el inicio de las letras "R" del apellido Rendón con una línea diagonal, el final de las letras señaladas es igual que las firmas dubitadas, una forma de arco en la parte superior derecha, además de que deja un arquito y terminan las letras con una pequeña línea diagonal; sin despegar el útil inscriptor.

SEGUNDO PARECIDO GRÁFICO.- Las partes medias tanto de las firmas dubitadas, como de las firmas indubitadas en cuanto al apellido, se encuentran plasmadas con una serie de líneas triangulares, unas más grandes que otras.

TERCER PARECIDO GRÁFICO.- La parte final tanto de las firmas dubitadas, como de las firmas indubitadas en cuanto al apellido Re..., se escribieron con una línea diagonal grande y terminan dejando en la parte derecha formas diferentes, en ocasiones trianguladas, en otras arqueadas y en otras pegadas, dejando al final una forma gráfica en línea alargada, también diferente entre ellas, haciendo señalamientos en colores iguales en terminaciones iguales y de otros colores en otra forma diferente, pero todas las firmas tienen una forma parecida al final y es una línea hacia la derecha.

En este asunto pericial, se aplican las siguientes leyes y principios de la grafoscopía:

LEYES DE LA ESCRITURA SEGÚN SOLANGE PELLAT.

TERCERA LEY.- NO SE PUEDE MODIFICAR VOLUNTARIAMENTE EN UN MOMENTO DADO LA ESCRITURA NATURAL, MAS QUE DEJANDO EN SU TRAZADO LA SEÑAL DEL ESFUERZO REALIZADO PARA LOGRAR EL CAMBIO.

PRINCIPIOS DE LA ESCRITURA SEGÚN FELIX DEL VAL LATIERRO.

SEXTO PRINCIPIO "NO SE PUEDE DISIMULAR SIMULTÁNEAMENTE A TODOS LOS ELEMENTOS DE LA ESCRITURA, NI SIQUIERA LA MITAD DE ELLOS".

OCTAVO PRINCIPIO "NO SE PUEDE DISIMULAR LA PROPIA GRAFÍA SIN QUE SE NOTE EL ESFUERZO DE LA LUCHA CONTRA EL SUBCONSCIENTE".

NOVENO PRINCIPIO "NO TODOS LOS SIGNOS GRÁFICOS TIENEN EL MISMO VALOR, LOS MAS IMPORTANTES SON AQUELLOS POCO APARENTES, PUES SON LOS QUE SE ESCAPAN, LO MISMO EN LA FALSIFICACIÓN, QUE EN EL DISIMULO".

EJEMPLO CUARTO CASO DE ESTUDIO PERICIAL EN CUANTO A LAS PARTICULARIDADES MORFOLÓGICAS.

Se me nombró en un peritaje para dictaminar si una firma que se encontraba en un escrito, había sido suscrita por el puño y letra de una misma persona o no. El firmante contaba con una edad de 75 años el día de la toma de muestras de escritura y por mi parte le pedí realizara diez firmas en una hoja de papel bond, y el perito de la parte contraria pidió que el firmante suscribiera 40 firmas. Tengo como costumbre pericial realizar el estudio de todas las firmas indubitadas, sea cual fuere el número total, numerándolas e indicando el lugar en donde se encuentra cada una de ellas en el documento de la muestra de escritura y puedan ser identificadas fácilmente por el juzgador cuando así se requiera. Para este ejemplo, solo tomaré en cuenta las primeras cinco firmas y las últimas cinco, de acuerdo a la numeración que al principio de mis escritos realizo, explicando el estudio comparativo después de haber numerado e identificado las firmas.

En este dictamen encontré en una letra "R", una letra "s" y en el nombre "Roberto", asimismo en la letra "P" del apellido Pa... vuelve a escribir en la parte inferior, otra letra "s".

ESTUDIO COMPARATIVO DEL PRIMER MOVIMIENTO GRÁFICO "R", ENTRE LA FIRMA DUBITADA Y LAS FIRMAS INDUBITADAS.

1 2 3 4 5

LETRA "R" DE LA FIRMA DUBITADA

46 47 48 49 50

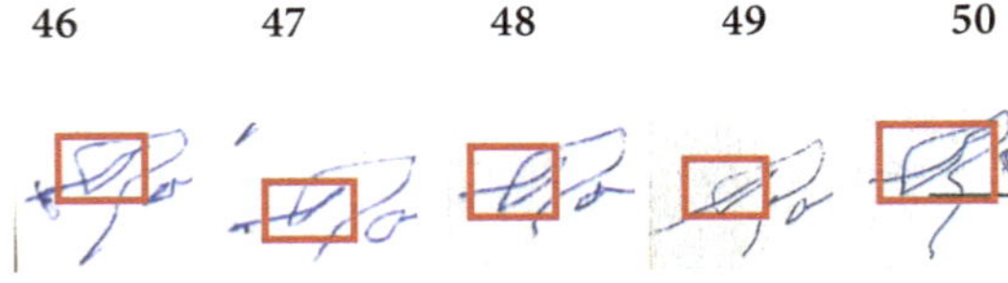

Se demuestra que las letras “R”, tanto en la firma dubitada y las firmas indubitadas, tienen una misma grafía, escribir una forma triangulada en forma de letra “ɗ” existiendo algunas diferencias porque una escritura nunca es igual, sobre todo que el firmante tenía 55 años cuando suscribió la firma dubitada.

ESTUDIO COMPARATIVO DEL SEGUNDO MOVIMIENTO GRÁFICO “oberto”, ENTRE LA FIRMA DUBITADA Y LAS FIRMAS INDUBITADAS.

SEGUNDO MOVIMIENTO GRÁFICO “oberto” DE LAS FIRMAS INDUBITADAS

1 2 3

SEGUNDO MOVIMIENTO GRÁFICO “oberto” DE LA FIRMA DUBITADA

SEGUNDO MOVIMIENTO GRÁFICO “oberto” DE LAS FIRMAS INDUBITADAS

4 5 6

Tanto el segundo movimiento gráfico **“oberto”** de la firma dubitada como de las firmas indubitadas tienen un alineamiento escalonado, comienzan con las letras “ob” que las identifican como plasmadas por una misma persona. Después de la letra “b”, el firmante sube a la mitad de la caja de la escritura y escribe las letras “ert”, con parecidos gráficos que las identifican, las letras “e” en forma de botón, las letras “r” con escritira irregular y las letras “t” con abertura en la parte media y tilde horizontal grande a la derecha.

ESTUDIO COMPARATIVO DEL TERCER MOVIMIENTO GRÁFICO, “P” DEL APELLIDO “Pa…”, ENTRE LA FIRMA DUBITADA Y LAS FIRMAS INDUBITADAS EN LA PARTE INFERIOR IZQUIERDA.

LETRAS “P” DE LAS FIRMAS INDUBITADAS

1 2 3 4 5

LETRA “P” DE LA FIRMA DUBITADA

LETRAS “P” DE LAS FIRMAS INDUBITADAS

46 47 48 49 50

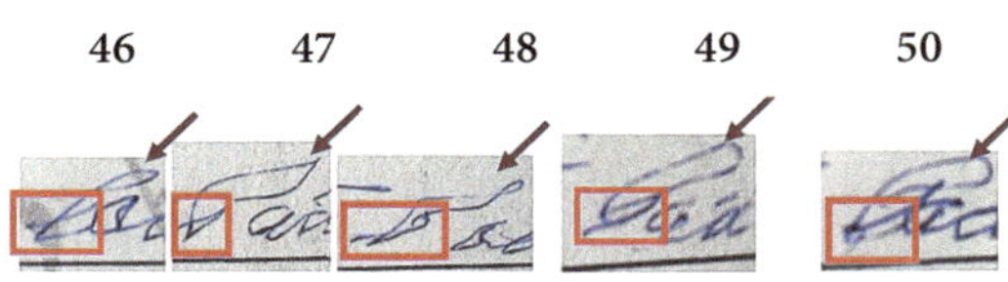

Las letras “P” del apellido “Pa…” comienzan en la parte superior derecha con una gaza irregular pero con una grafía parecida.

Posteriormente, escribe en la parte inferior izquierda una forma triangular semejando una letra “*s*”, el firmante en algunas firmas escribe el inicio en forma ilegible, pero en las letras “P” de las firmas indubitadas 1, 2, 3, 4, 46, 47, y 49 si realiza las mismas particularidades morfológicas de la firma dubitada, que las identifican como plasmadas de un mismo puño y letra.

Conviene aprovechar este trabajo pericial que realicé, para poner el ejemplo también de sus puntos 6, 7, 8, 9 y 10, del dictamen pericial, es decir: resultado del estudio; contestación al cuestionario planteado por la parte oferente de la prueba; contestación al cuestionario planteado por la parte contraria (si es que existe); conclusiones y; material utilizado.

6.- RESULTADO DEL ESTUDIO.

Una vez que se ha realizado el estudio grafoscópico de las particularidades morfológicas y el estudio comparativo entre la firma dubitada y las firmas indubitadas, llego a la siguiente dictaminación:

La firma dubitada que se encuentra plasmada en la parte anversa de un documento denominado RECIBO de fecha XX de mayo del año 20XX atribuida al puño y letra del C. ROBERTO PA… que se encuentra en los secretos del H. Juzgado en que se actúa y que tuve a la vista por parte de la secretaría del mismo, si fue suscrita por el puño y letra de la persona que al realizar el trámite de su pasaporte, de la credencial para votar del Instituto Nacional Electoral y al realizar la muestra de escritura y firmas ante la fe de la secretaría del H. Juzgado en que se actúa, dijo ser y se identificó como el C. ROBERTO PA…

Cabe señalar que respecto al punto tres de "Estructuración del marco teórico, ley y principios del grafismo aplicados al peritaje", para la realización de este estudio pericial, tomé en consideración, las siguientes leyes y principios de la escritura:

LEYES DE LA ESCRITURA SEGÚN SOLANGE PELLAT APLICADOS A ESTE PERITAJE.

TERCERA LEY.- *NO SE PUEDE MODIFICAR VOLUNTARIAMENTE EN UN MOMENTO DADO LA ESCRITURA NATURAL, MAS QUE DEJANDO EN SU TRAZADO LA SEÑAL DEL ESFUERZO REALIZADO PARA LOGRAR EL CAMBIO.*

SEXTA LEY.- *CADA INDIVIDUO POSEE UNA ESCRITURA QUE LE ES PROPIA QUE SE DIFERENCÍA DE LOS DEMÁS.*

SEPTIMA LEY.- *LA ESCRITURA DE UNA PERSONA NUNCA ES IGUAL A LA MISMA Y SIGNIFICA QUE UNA PERSONA NO ESCRIBE SIEMPRE IGUAL.*

PRINCIPIOS DE LA ESCRITURA SEGÚN FELIX DEL VAL LATIERRO APLICADOS A ESTE PERITAJE.

QUINTO PRINCIPIO *"LA ESCRITURA ES ESENCIALMENTE EVOLUTIVA, PERO CON PREDOMINIO POSTERIOR CASI ABSOLUTO DEL SUBCONSCIENTE, LO*

QUE EXPLICA LA PERMANENCIA Y FIRMEZA DE LAS PARTICULARIDADES GRÁFICAS".

SEXTO PRINCIPIO *"NO SE PUEDE DISIMULAR SIMULTÁNEAMENTE A TODOS LOS ELEMENTOS DE LA ESCRITURA, NI SIQUIERA LA MITAD DE ELLOS".*

OCTAVO PRINCIPIO *"NO SE PUEDE DISIMULAR LA PROPIA GRAFÍA SIN QUE SE NOTE EL ESFUERZO DE LA LUCHA CONTRA EL SUBCONSCIENTE".*

7.- CONTESTACIÓN AL CUESTIONARIO PLANTEADO POR LA PARTE OFERENTE DE LA PRUEBA.

I.- Que digan los peritos si tuvieron a la vista y analizaron los gramas y demás elementos gráficos que identifican a la firma dubitada que se ostenta como del SR. ROBERTO PA…., que se encuentra contenida en el anverso del pretendido RECIBO a la orden de MARÍA "N" "N", valioso por la cantidad de $100,000.00 (CIEN MIL PESOS 00/100 M.N), fechado en Morelia Michoacán el 15 de mayo de 2007 el cual fue exhibido por la parte actora reconvencional la C. MARÍA "N" "N".

RESPUESTA.- Sí tuve a la vista y analicé los gramas y demás elementos gráficos que identifican a la firma dubitada atribuida al SR. ROBERTO PA…, que se encuentra contenida en el anverso del RECIBO a la orden de MARÍA "N" "N", valioso por la cantidad de $100,000.00 (CIEN MIL PESOS 00/100 M.N), fechado en Morelia Michoacán el 15 de mayo de 2007, el cual fue exhibido por la parte actora reconvencional la C. MARÍA "N" "N".

II.- Que digan los peritos si tuvieron a la vista y analizaron los grafismos que particularizan a las firmas indubitables del SR. ROBERTO PA..., estampadas en los siguientes documentos:

a) Credencial para Votar emitida por el Instituto Nacional Electoral a nombre de ROBERTO PA..., número IDMEX252...., año de registro 2008 03. La cual será exhibida para su análisis en la fecha que tenga a bien señalarse para el estampamiento de firmas.

RESPUESTA.- Sí tuve a la vista la Credencial para Votar emitida por el Instituto Nacional Electoral a nombre de ROBERTO PA..., número IDMEX2526058965, año de registro 2008 03 a la cual, le tomé fotografía de la firma para cotejo.

b) Pasaporte mexicano expedida por la Secretaría de Relaciones Exteriores, a nombre de ROBERTO PA..., el cual será exhibido para su análisis en la fecha que tenga a bien señalarse para el estampamiento de firmas.

RESPUESTA.- Sí tuve a la vista el Pasaporte Mexicano expedido por la Secretaría de Relaciones Exteriores, a nombre de ROBERTO PA..., y le tomé fotografía a la firma para cotejo.

c) Ejemplares de firmas y demás elementos escriturales que a criterio de los peritos designados estampe el demandado SR. ROBERTO PA... ante la presencia judicial y de por lo menos uno de los peritos designados por las partes, en diligencia que tenga a bien señalar ese H. Juzgado, previo al término otorgado para que los expertos rindan su dictamen.

RESPUESTA.- Tuve a la vista y analicé CUARENTA Y OCHO FIRMAS INDUBITADAS, suscritas por el puño y letra de la persona que al realizar la muestra de escritura y firmas ante la fe de la Secretaría del H. Juzgado en que se actúa, dijo ser y se identificó como el C. ROBERTO PA...

III.- Que digan los peritos, en base a un estudio técnico propio de su rama y después de haber tenido a la vista y analizado la firma dubitada a nombre del SR. ROBERTO PA..., que obra en el RECIBO descrito en la cuestionante número 3 del presente cuestionario, así como las firmas indubitables que se refieren en el punto 4, incisos a) al c), si existe similitud o bien discrepancia de autoría y origen entre si.

RESPUESTA.- La firma dubitada que se encuentra contenida en el anverso del RECIBO a la orden de MARÍA "N" "N", valioso por la cantidad de $100,000.00 (CIEN MIL PESOS 00/100 M.N), fechado en Morelia Michoacán el 15 de mayo de 2007, el cual fue exhibido por la parte actora reconvencional la C. MARÍA "N" "N" atribuida al C. ROBERTO PA..., el cual se encuentra en los secretos del juzgado, si contiene similitud de autoría y mismo origen gráfico con las firmas que se encuentran en el pasaporte, en la credencial y en las 48 firmas que plasmó ante la fe de la Secretaría del H. Juzgado el C. ROBERTO PA...

IV.- Que concluyan los peritos si la firma a nombre de ROBERTO PA..., que calza el multicitado RECIBO y las firmas indubitadas a su nombre, tienen o no un mismo origen gráfico. Debiendo establecer si dicha firma es falsa o por el contrario auténtica.

RESPUESTA.- La firma a nombre de ROBERTO PA..., que calza el multicitado RECIBO y las firmas indubitadas a su nombre, si tienen un mismo origen gráfico. Estableciendo que dicha firma es auténtica.

V.- Que digan los peritos las razones y operaciones técnicas que realizaron para arribar a las conclusiones vertidas con antelación.

RESPUESTA.- Las razones y operaciones técnicas que realicé para arribar a las conclusiones, se basan en el resultado del estudio pericial de las particularidades morfológicas y del estudio comparativo entre la grafía de la firma dubitada contra la grafía de las firmas indubitadas.

8.- CONTESTACIÓN AL CUESTIONARIO PLANTEADO POR LA PARTE CONTRARIA (EN CASO QUE EXISTIERE DEBERÁ CONTESTARSE COMO EN EL PUNTO QUE ANTECEDE, DE ACUERDO CLARO, A LAS PREGUNTAS FORMULADAS EN ESTE OTRO CUESTIONARIO).

9.- CONCLUSIONES.

La firma dubitada motivo de este peritaje, atribuida al puño y letra del C. ROBERTO PA... que se encuentra en los secretos del H. Juzgado en que se actúa y que tuve a la vista por parte de la secretaría del mismo, si fue suscrita por el puño y letra de la persona que al realizar la muestra de escritura ante la fe de la secretaría del H. Juzgado en que se actúa, dijo ser y se identificó como el C. ROBERTO PA...

10.- MATERIAL UTILIZADO.

MATERIAL UTILIZADO PARA UNA BUENA DEMOSTRACIÓN PERICIAL.

CAMARA NIKON D60

MICROSCOPIO DE BOLSILLO

MINILUPA DE 60X

ESCÁNER MANUAL

LUPAS DE DIFERENTE AUMENTO

MICROSCOPIO ADECUADO ESPECIALMENTE PARA TOMA DE FOTOGRAFÍAS A TODO TIPO DE ESCRITURA Y PARTES DE DOCUMENTOS, ACOMPAÑADO DE DOS PORTA LÁMPARAS ESPECIALES

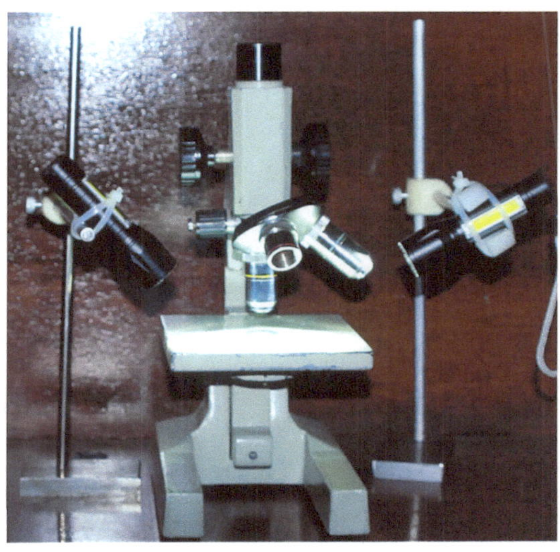

CÁMARA MARCA SPACA DE 6X ESPECIAL PARA TOMA DE FOTOGRAFÍAS CON MICROSCOPIO. AL ENCENDERSE, ABRE EL OBJETIVO Y QUEDA AL TAMAÑO DEL OCULAR DEL MICROSCOPIO CON LO QUE SE FACILITA LA TOMA DE LAS MISMAS

SEGUNDA PARTE

DOCUMENTOSCOPÍA

Capítulo XI
DEFINICIÓN DE DOCUMENTOSCOPÍA

El vocablo Documentoscopía, es una formación híbrida que proviene del latín *documentus* y del griego *copain*[29], examen, observación.

Por lo anterior, la documentoscopía estudia los documentos.

Existen demasiadas definiciones sobre qué se entiende por documentoscopía, pero todas tienen un fin, el estudio de documentos cuestionados que pudieran contener algún problema sobre su contenido. Algunas definiciones son las siguientes:

La documentoscopía es la técnica que trata de establecer, mediante una metodología propia, la autenticidad de escritos y documentos y determinar, cuando sea posible, la identidad de sus autores[30].

La documentoscopía se ocupa del examen de documentos a efecto de dictaminar respecto de su autenticidad o determinar las posibles alteraciones de que haya sido objeto[31].

En forma personal, considero que si en el estudio de algún documento para dictaminar si existe algún problema en su

---

[29] Del Picchia José. Del Pichhia Celso. "Tratado de Documentoscopía. La falsedad documental", La Rocca, Buenos Aires, 1993, p. 36. Fuente disponible en: http://grafologiauniversitaria.com/DOCUMENTOSCOPIA.htm

[30] Méndez Baquero, Francisco. "Documentoscopía", en Estudios de Policía Científica, División de Formación y Perfeccionamiento de la D.G.P., Ministerio del Interior, 1994, p.14. Fuente disponible en: http://grafologiauniversitaria.com/DOCUMENTOSCOPIA.htm

[31] Bufete Jurídico Reffréger Alonso. Fuente disponible en: http://www.reffreger.com.mx/periciales.htm

contenido, se utiliza un escáner especial o microscopio, u otro aparato, la documentoscopía se convierte en una ciencia y por ello podría definirse como:

"La ciencia que estudia los documentos cuestionados".

En materia penal, la documentoscopia forma parte de la CRIMINALÍSTICA, y se le denomina como **documentoscopía forense.**

Capítulo XII
UTILIZACIÓN DE MICROSCOPIO

El microscopio es un instrumento óptico para ampliar la imagen de objetos o seres, o detalles de estos, tan pequeños que no se pueden ver a simple vista; consta de un sistema de lentes de gran aumento[32].

En el año 2002, estuve presente en el II Congreso de la Sociedad Internacional de Peritos en Documentoscopía (SIPDO) que se celebró en la ciudad de Barcelona España, teniendo como interés, conocer la opinión de peritos que como yo, se dedican al estudio de las materias de Documentoscopía y Grafoscopía y, encontré en ese congreso, grandes personalidades investigadoras, como la maestra MAGDALENA ESCURRA, MAURICIO XANDRO, RAYMOND HORTA, OTTO RODRÍGUEZ y otros peritos de Argentina, Perú, Chile y México.

En ese congreso aprendí que existía la urgente necesidad de utilizar microscopio para realizar trabajos periciales en documentoscopía, por lo que me dediqué a investigar la forma de tomar fotografías ayudándome de un microscopio monocular. Fue una tarea muy difícil que me costó muchos días y noches de estudio, pues si observando un objeto en el microscopio enfocándolo un milímetro más o un milímetro menos de lo debido, no se distingue a la perfección el mismo

[32] Fuente disponible en: http://www3.gobiernodecanarias.org/medusa/edublogs/ceiplasvegas/2015/11/09/el-microscopio/

pues la imagen se ve borrosa, mayor es la dificultad de capturar la imagen con plena nitidez, utilizando una cámara con un lente con aumento.

Posteriormente, con ayuda de un magnífico tornero, se partió el lente ocular del microscopio haciéndolo lo más pequeño que se pudo para acercarlo al objeto y haciéndole su cuerda. Una vez hecho lo anterior, a uno de los lentes objetivos (que contienen dos vidrios de aumento, uno en la parte superior y otro en la parte inferior) se le quitó la mitad y se consiguió una visión de hasta siete milímetros del objeto a estudio, tomando con ello, una fotografía con una visión más amplia.

En el año de 2007, impartí una conferencia en la ciudad de Mendoza Argentina sobre toma de fotografías utilizando microscopio, teniendo como ejemplos líneas de escritura con útiles inscriptores e impresiones de láser, de inyección de tinta, cruce de líneas entre ellas y otras impresiones.

A partir de ese año, utilicé las fotografías en microscopio para la realización de trabajos periciales, demostrando en forma más científica alteraciones en documentos por agregado de letras, por borrado, por lavado químico y en algunas ocasiones por cruce de líneas, impresión de firmas utilizando una impresora de láser o de inyección de tinta y otras alteraciones.

FINALIDAD DE UTILIZAR FOTOGRAFÍAS CON MICROSCOPIO EN MATERIA DE DOCUMENTOSCOPÍA.

La utilización de fotografías utilizando microscopio tiene como finalidad **demostrar** al juzgador el resultado científico del estudio de un problema, sin ese material, sería muy difícil dictaminar, sería únicamente **decirle** al juzgador lo que a simple vista se observa.

PRIMER EJEMPLO DE LA IMPORTANCIA DE UTILIZAR FOTOGRAFÍAS UTILIZANDO MICROSCOPIO.

Se me contrató para dictaminar si una notificación de un asunto había sido acompañada de un documento original, ya que así lo ordena la ley de la materia y esto fue lo que encontré con las fotografías utilizando microscopio:

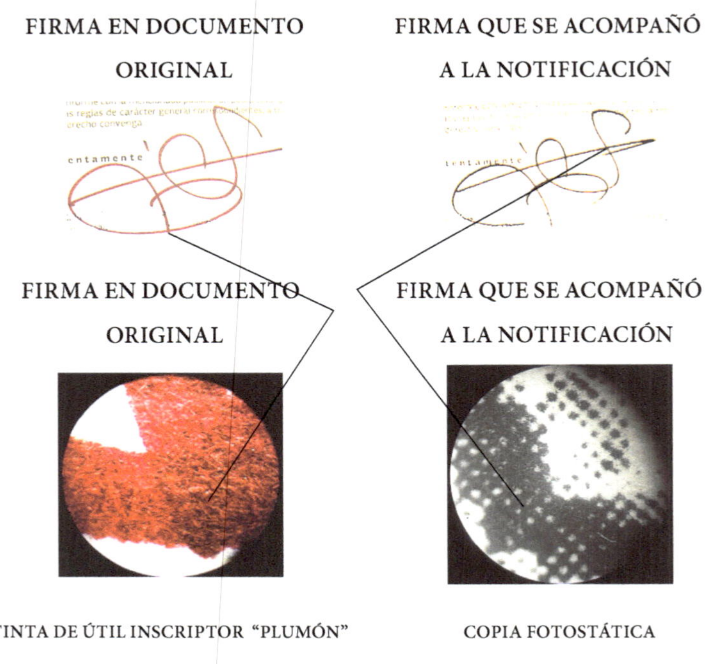

En este peritaje se demostró que el documento que se acompañó a una notificación era una copia fotostática.

SEGUNDO EJEMPLO DE LA IMPORTANCIA DE UTILIZAR FOTOGRAFÍAS UTILIZANDO MICROSCOPIO.

En otro peritaje se me contrató para dictaminar si un documento presentado como prueba, era original o una copia fotostática, y dictaminar si las firmas pertenecían a un mismo documento. Al realizar el estudio, dictaminé que la firma que a continuación se observa a la derecha, era una copia fotostática y que había sido fotocopiada de un original diferente al de la firma de la izquierda, ello en virtud de que las líneas manuscritas pasan en otras partes de la impresión del apellido García, así como que el número 700 que se observa a la derecha también había sido fotocopiado de otra parte del documento.

FIRMA DUBITADA EN ORIGINAL

FIRMA DUBITADA EN COPIA DE DIFERENTE DOCUMENTO

DOCUMENTO ORIGINAL

COPIA DE DIFERENTE DOCUMENTO

Capítulo XIII
ÚTILES INSCRIPTORES UTILIZADOS EN ESCRITURA MANUSCRITA

ÚTILES INSCRIPTORES.

El útil inscriptor es el instrumento u objeto con el que se suscribe un documento, pudiendo ser lápiz, bolígrafo, pluma fuente, lapicero, con punta de fierro, lápiz labial, los dedos, etcétera[33].

BOLÍGRAFO DE TINTA DE ACEITE.

Actualmente, el bolígrafo es uno de los instrumentos de escritura más utilizados por la mayoría de las personas en el mundo, dado su bajo valor económico y la firmeza de sus trazos. Se llama bolígrafo porque proviene de la palabra "**boli**" de bolilla y "**grafo**" de escritura.

El bolígrafo es uno de los instrumentos de escritura más populares que utilizamos las personas para escribir o también para dibujar, y que se caracteriza por disponer de un depósito de tinta y una bolilla de metal en su punta, la cual, al entrar en contacto con el papel, gira para liberar justamente la tinta de modo paulatino, con fluidez y constancia[34].

También conocido como birome, lapicera o pluma, el bolígrafo, consiste de un tubo de metal o de plástico que es el que contiene en su interior la tinta, en una de sus puntas se

[33] Centro de Estudio Superiores de Jalisco. CEDE JALISCO. Diplomado en Criminalística, Módulo: Grafoscopía y Documentoscopía. Disponible en: https://studylib.es/doc/8398941/ www.cedejal.com-tel.--0133--3826.2685

[34] Autor: Florencia Ucha | Sitio: Definición ABC | Fecha: mayo. 2013 | URL. Disponible en https://www.definicionabc.com/general/boligrafo.php

encuentra engarzada la pequeña bola de metal que regula la salida de la tinta hacia el papel o el soporte que corresponda.

La bolita puede girar en todas direcciones y, desde luego, va depositando en el papel la tinta mencionada secando inmediatamente. Esta tinta difiere de todas las que se conocen utilizadas para las diferentes clases de pluma bolígrafa o fuente, ya que si no es viscosa al menos es pastosa, en grado sumo, tanto que se puede escribir en la superficie de un papel bajo la lluvia e incluso bajo el agua, sin que sufra la menor alteración. Existen bolígrafos muy caros y baratos de acuerdo al material y a la elaboración exterior, pero todos tienen el mismo funcionamiento. Existen bolígrafos de punto fino, mediano y grueso, como se ilustra enseguida con fotografías en microscopio:

BOLÍGRAFO DE TINTA DE ACEITE — PUNTO FINO — PUNTO MEDIANO — PUNTO GRUESO

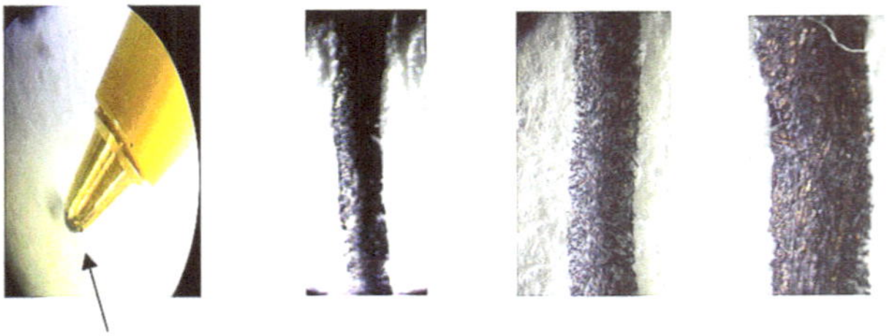

BOLITA DE ACERO

BOLÍGRAFO DE GEL.

La tinta gel de los bolígrafos es aquella en la que los pigmentos y colorantes se encuentran suspendidos en una solución acuosa con consistencia gelatinosa[35].

[35] Fuente disponible en: https://papeleria-tecnica.net/tinta-gel/

La tinta gel es más opaca, densa y cubriente que la tinta basada en aceite. Los trazos de un bolígrafo con tinta gel son más visibles y nítidos (respecto a la tinta viscosa de aceite). Además se ve mejor en superficies oscuras o deslizantes. Las cualidades de la tinta gel son especialmente útiles para dibujantes, ilustradores, caligrafiadas, etc.

También es un bolígrafo porque escribe por medio de una bolita, pero el grueso de la tinta tiene desventajas, como saltar más que otras tintas debido a la bola que no está cubierta uniformemente, como se ilustra enseguida con fotografías utilizando microscopio:

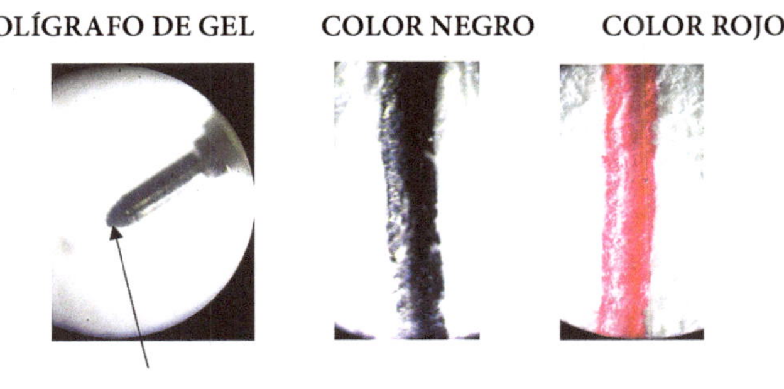

BOLÍGRAFO ROLLERBALL.

El bolígrafo roller, mejor conocido como rollerball, es un instrumento escritural introducido en el mercado en 1963, por la compañía nipona Ohto. Su nombre surgió de la necesidad de diferenciarlo del bolígrafo tradicional y en la búsqueda de crear un instrumento de punta fina y que se desliza de manera suave sobre el papel[36].

[36] Fuente disponible en: https://escueladedibujo.com/boligrafos-roller/

El bolígrafo roller o rollerball responde a avances tecnológicos. Utiliza mecanismos de escritura de bola con tinta líquida o gelificada a base de agua. El punto de escritura es una pequeña bola, generalmente de 0,5 o 0,7 mm de diámetro, que transfiere la tinta al papel a medida que se mueve la pluma. Su tinta es espesa y gruesa.

Este tipo de tinta poco viscosa, satura con mayor profundidad y amplitud el papel dando a la escritura suavidad. La vistosidad, claridad y elegancia de los trazos, logrados con el bolígrafo rollerball, viene dada por la intensidad de la tinta y al acabado semejante a la de una pluma estilográfica. Esta característica lo diferencia de otros bolígrafos de gel conocido como ballpoint.

Se ilustra enseguida con fotografías utilizando microscopio:

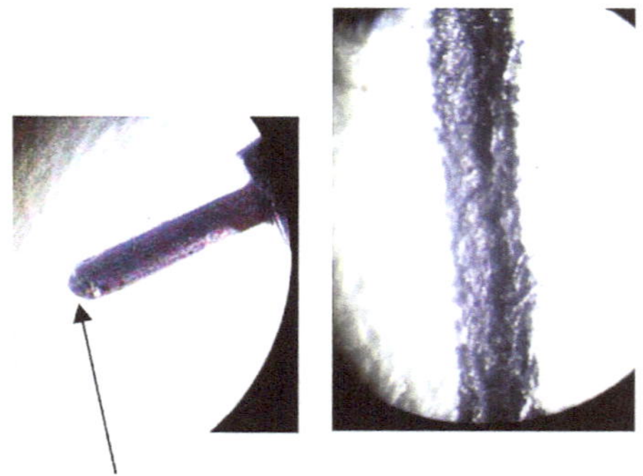

BOLITA DE ACERO

PLUMAS ESTILOGRÁFICAS O FUENTES.

Instrumento de dibujo técnico y escritura que contiene un depósito de tinta líquida compuesta principalmente de agua. La tinta permanece dentro del depósito, debido a la presión atmosférica, y alimenta el plumín (la pieza en contacto con el papel) por capilaridad (los líquidos viajan desde un conducto ancho hacia uno estrecho, una ley de la física)[37].

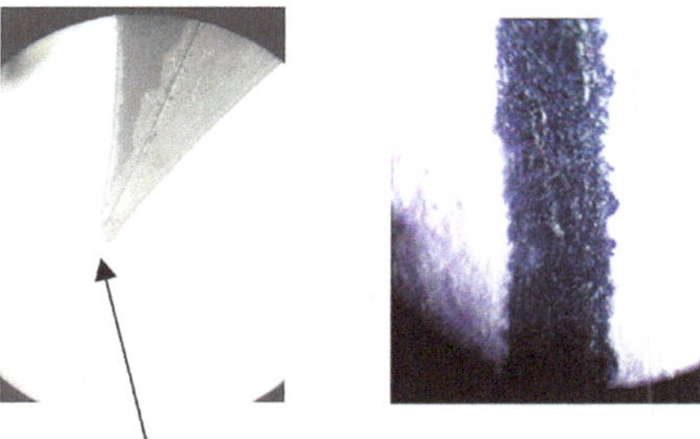

FORMA TRIANGULAR
EN DOS PARTES PUNTO REDONDO

LÁPICES CON PUNTA DE GRAFITO.

El lápiz o lapicero, es un instrumento de escritura o dibujo que consiste en una mina o barrita de grafito y una grasa o arcilla especial, que también puede ser de pigmento coloreado de carbón o leña y se encapsulan por lo general en un cilindro de madera fina o en envolturas de papel o plásticas[38].

Los lápices modernos se fabrican industrialmente mezclando polvo de grafito y arcilla molidos finamente, agregando agua, formando minas largas que se cuecen en un horno (compartimientos térmicamente aislados). Las minas resultantes se sumergen en aceite o cera fundida que filtra en los agujeros minúsculos el material, dando por resultado una escritura más lisa. Un tablón de enebro o de cedro de incienso

[37] Fuente disponible en: https://es.wikipedia.org/wiki/Pluma_estilogr%C3%A1fica

[38] Fuente disponible en: https://es.wikipedia.org/wiki/L%C3%A1piz

con varios surcos paralelos largos, se corta para formar un listón, y las tiras de grafito y arcilla se insertan en los surcos. Otro tablón acanalado se pega encima, de manera que el ensamble final es cortar todo en lápices individuales, que luego se barnizan o se pintan.

Muchos lápices en el mundo, y casi todos en Europa, se clasifican con el sistema europeo que usa una gradación continua descrita por "H" (para la dureza) y "B" (para el grado de oscuridad), así como "F" (para el grado de finura)[39].

PUNTA DE LÁPIZ PORTAMINAS ESCRITURA

MOTAS.

En ocasiones, alguna parte de la bolita del bolígrafo tiene algún desperfecto y al escribir expulsa gotitas microscópicas al lado de las líneas, lo que ayuda en algunas ocasiones a conocer si se utilizaron diferentes útiles inscriptores en un escrito.

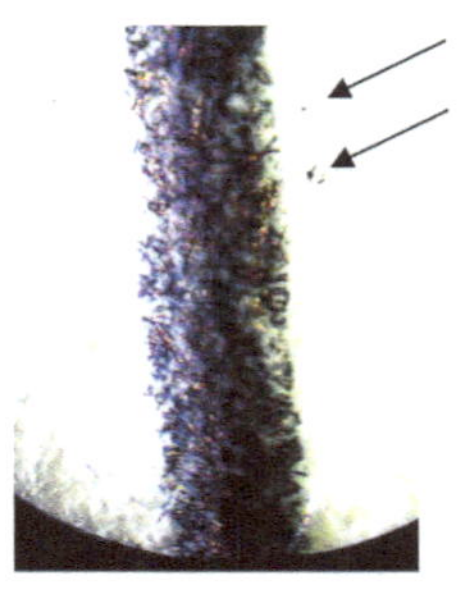

[39] Fuente disponible en: https://www.coursehero.com/file/p6r8e8u/Muchos-l%C3%A1pices-en-el-mundo-y-casi-todos-en-Europa-se-clasifican-con-el-sistema/

Capítulo XIV

IMPRESIONES POR COMPUTADORA, MAQUINAS DE ESCRIBIR, FOTOCOPIADORAS Y PAPEL CARBÓN

IMPRESIONES POR COMPUTADORA UTILIZANDO IMPRESORAS DE LÁSER Y DE INYECCIÓN DE TINTA.

IMPRESIONES DE INYECCIÓN DE TINTA.

La tecnología de inyección de tinta consiste en un método en el cual el cabezal de impresión no toca el papel, la tinta es expulsada por unas boquillas que se encuentran en el cabezal. Este cabezal recorre el papel de lado a lado gracias a un motor que lo desliza lentamente dentro de la impresora, mientras que otro pequeño motor va pasando el papel hacia delante de forma vertical. Una franja del papel se imprime y a su vez avanza para continuar con la siguiente franja, el cabezal ahorra tiempo ya que no solamente imprime de manera horizontal una línea de pixeles, sino también otra de forma vertical; la tinta es absorbida de unos cartuchos que contienen una tinta color negro, otro tinta azul, uno más con tinta color amarillo y otro con tinta color rojo[40].

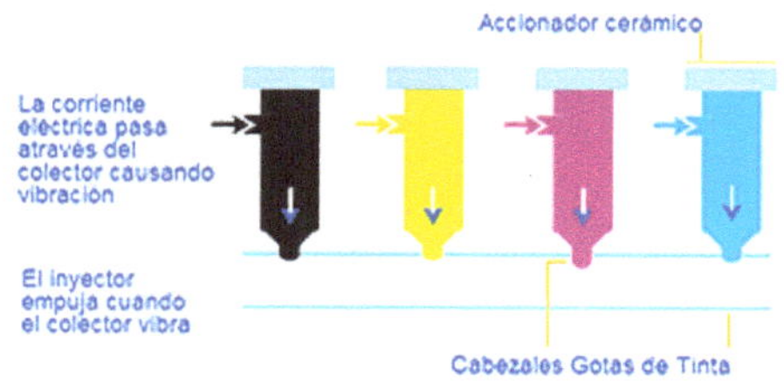

[40] Fuente disponible en: https://www.cyberpuerta.mx/mini-guia-de-impresoras-inyeccion-de-tinta/?gclid=Cj0KCQjwivbsBRDsARIsADyISJ_sIpzKraro4IXJ2cSDPkoTqFR20DXU4NHQGDlgyb5Mn6RCz24JL-0aAtVdEALw_wcB

FOTOGRAFÍAS UTILIZANDO MICROSCOPIO, DE UNA IMPRESORA DE INYECCIÓN DE TINTA A COLOR (EL CABEZAL NO PEGA EN EL DOCUMENTO, SOLO EXPULSA LAS GOTAS DE TINTA)

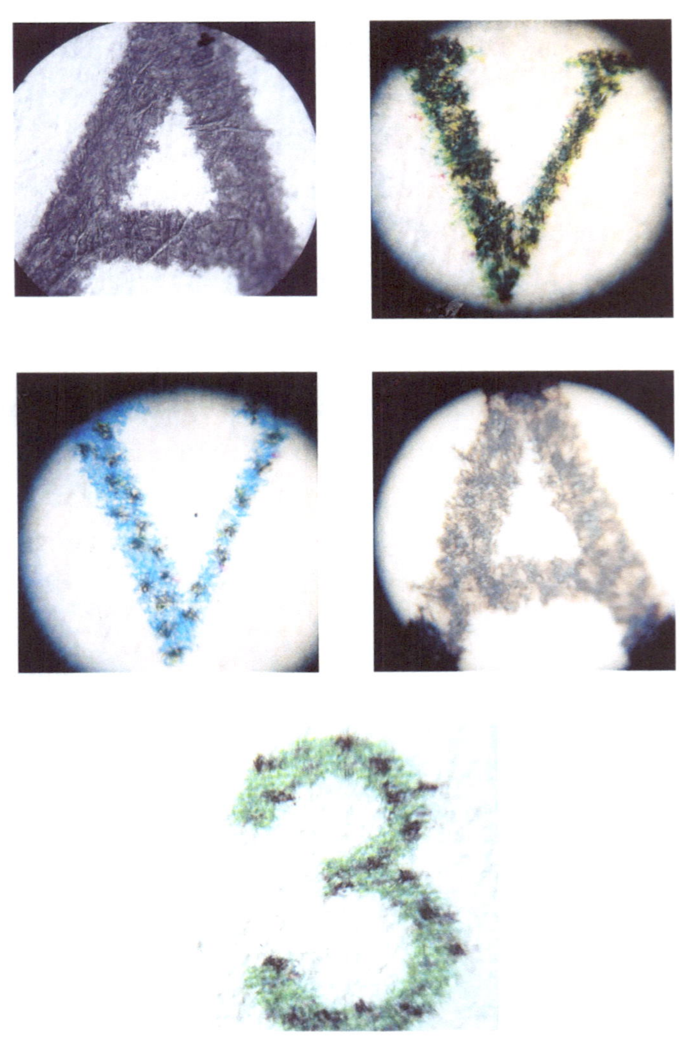

IMPRESIONES DE LÁSER A COLOR.

El sistema de impresión de las impresoras láser en color es muy semejante al funcionamiento de la fotocopiadora, ambas utilizan la electricidad estática. Dicho de otra forma, el haz del láser se aplica en el tambor fotoeléctrico, el cual se queda cargado de forma eléctrica por los puntos que ha marcado el láser. Este proceso de carga eléctrica se produce por cada color, una vez para el cyan, otra para el magenta, otra para el yellow y la última para el negro, es decir se carga eléctricamente, cuatro veces, una para cada color. Más tarde interviene el tambor que pasa a los tóneres que tienen el pigmento de color y disponen de carga positiva, lo que hace se transmitan los pigmentos hasta al tambor en las zonas que fueron cargadas de forma eléctrica por el láser, gracias a la energía electrostática. Finalmente pasa la impresora con el papel, este pasa por el tambor imprimiendo la imagen o texto[41].

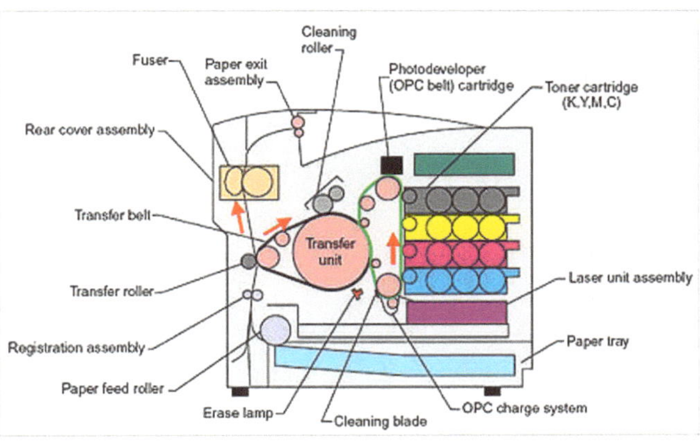

[41] Fuente disponible en: http://www.digitalfotored.com/imagendigital/impresionlaser.htm

FOTOGRAFÍAS UTILIZANDO MICROSCOPIO, DE UNA IMPRESORA DE LÁSER A COLOR (EL CABEZAL NO PEGA EN EL DOCUMENTO SOLO EXPULSA EL POLVO TÓNER Y POR MEDIO DE CALOR SE IMPRIME)

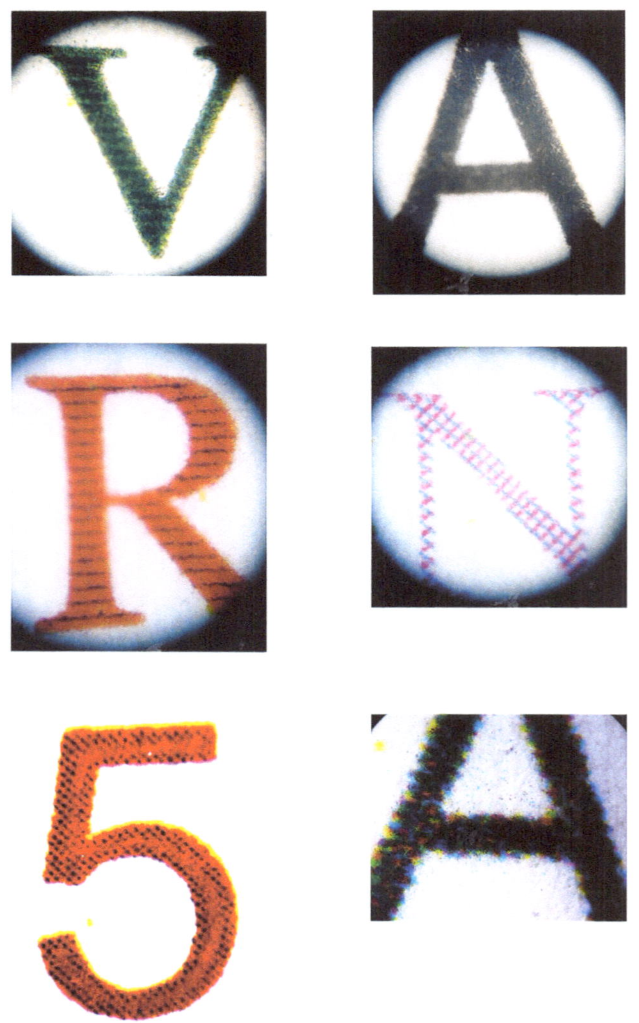

DIFERENCIAS ENTRE IMPRESIONES POR INYECCIÓN DE TINTA Y POR LÁSER.

IMPRESIÓN POR INYECCIÓN DE TINTA

IMPRESIÓN POR LÁSER

IMPRESIONES POR COMPUTADORA DE MATRIZ DE PUNTOS.

La impresora matricial o impresora de matriz de puntos, es un tipo de impresora con la cabeza de impresión que se desplaza de izquierda a derecha imprimiendo sobre la página por impacto, oprimiendo una cinta de tinta contra el papel, de forma similar al funcionamiento de una máquina de escribir.

Al contrario que las máquinas de escribir o impresoras de margarita, las letras son obtenidas por selección de puntos de una matriz, y por tanto es posible producir distintos tipos de letra, y gráficos en general. Por la presión mecánica que requiere la impresión, estas impresoras pueden crear copias carbón[42].

FOTOGRAFÍAS UTILIZANDO MICROSCOPIO DE UNA IMPRESORA DE MATRIZ DE PUNTOS

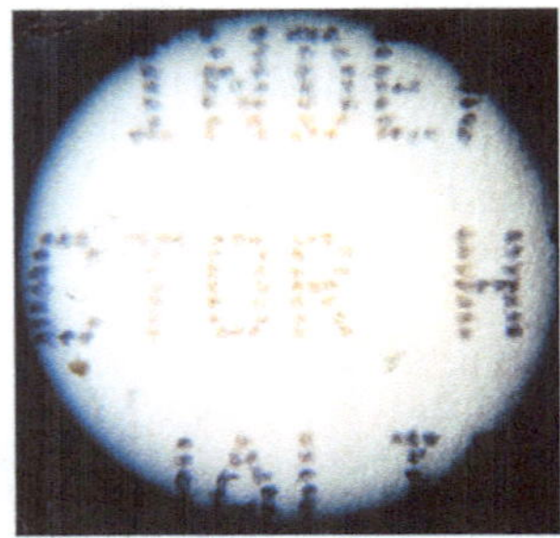

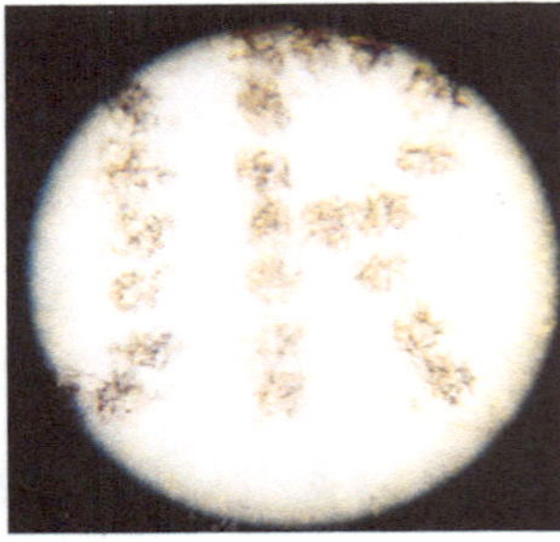

IMPRESIONES CON MÁQUINA DE ESCRIBIR.

Dispositivo mecánico, electromagnético, electrónico, con un conjunto de teclas (llamadas tipos) que, al ser presionadas, imprimen caracteres en un documento normalmente papel[43], con la característica que al escribir con impacto, se pueden obtener copias carbón. Antes de la utilización de impresoras de computadora era utilizada mundialmente.

[42] Fuente disponible en: https://es.wikipedia.org/wiki/Impresora matricial

[43] Fuente disponible en: https://es.wikipedia.org/wiki/M%C3%A1quina_de_escribir#cite_note-1

FOTOGRAFÍAS UTILIZANDO MICROSCOPIO, DE UNA IMPRESIÓN MECANOGRÁFICA

IMPRESIONES POR FOTOCOPIADORA.

Máquina que se utiliza para fabricar copias de papel a papel por medio de polvo tóner[44].

Funcionamiento de la fotocopiadora

1. Carga: la superficie de un tambor cilíndrico es cargada electrostáticamente por medio de un alto voltaje (15kV) a través de una corona o un rodillo. El tambor tiene una capa de material fotoconductor. El fotoconductor es un semiconductor que conduce cuando se expone a la luz.
2. Exposición: una lámpara brillante ilumina el documento falso, y las áreas blancas del documento original reflejan la luz sobre la superficie del tambor fotoconductor (se obtiene por tanto un negativo del documento). Las superficies del tambor que han sido expuestas a la luz se convierten en conductoras y se descargan a tierra, permaneciendo aquellas

[44] Fuente disponible en: https://es.wikipedia.org/wiki/Fotocopia

áreas negras que no se habían expuesto ni reflejadas cargadas negativamente (las superficies negras del tambor se corresponden con el texto o el dibujo del documento original).

Se consigue así la imagen latente sobre la superficie del tambor en las máquinas analógicas.

En las máquinas digitales, el documento original es escaneado y digitalizado, y se utiliza la luz de un láser para conseguir el mismo resultado sobre el tambor.

3. Revelado: el tóner es una sustancia cargada positivamente. Por medio de la atracción electrostática (las cargas de distinto signo se atraen) el tóner se fija únicamente sobre la imagen que se corresponde con las superficies negras del tambor.
4. Transferencia: se aplica de nuevo una carga negativa sobre el papel y la imagen latente se transfiere desde la superficie del tambor al papel.
5. Fusión: el tóner se funde y se fija al papel por medio de calor y rodillos de presión.

FOTOGRAFÍAS UTILIZANDO MICROSCOPIO, DE IMPRESIÓN POR MÁQUINA FOTOCOPIADORA

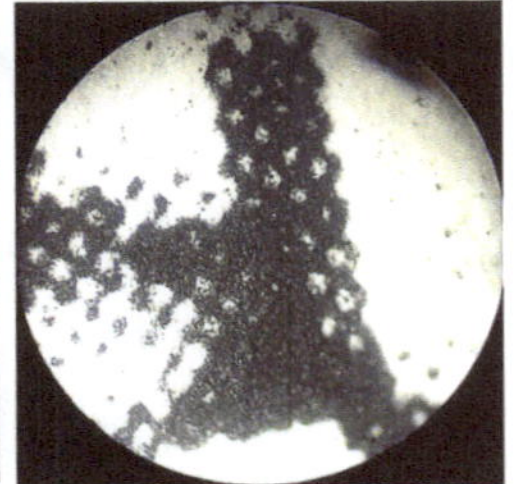

IMPRESIÓN UTILIZANDO PAPEL CARBÓN, TAMBIÉN LLAMADO PAPEL PASANTE.

Es una lámina que permite reproducir copias simultáneamente al utilizar máquinas de escribir, impresoras de impacto o simplemente escritura a mano, trae impregnada tinta, cera o carbón (de ahí el nombre *papel carbón*), por una de sus caras, la que se traspasa a una nueva hoja bajo la presión que ejerce la máquina de escribir o el lápiz, al colocar el papel de calco entre la hoja original y la hoja donde se hará la copia. Dado que la escritura actúa bajo presión, no es útil para realizar demasiadas copias[45].

FOTOGRAFÍAS UTILIZANDO MICROSCOPIO, DE UNA IMPRESIÓN POR PAPEL CARBÓN

[45] Fuente disponible en: https://es.wikipedia.org/wiki/Papel_carb%C3%B3n#cite_ref-1

Capítulo XV
PAPEL

Hoja delgada hecha con pasta de fibras vegetales obtenidas de trapos, madera, paja, etcétera, molidas, blanqueadas y desleídas en agua, que se hace secar y endurecer por procedimientos especiales[46].

DIRECCIÓN DE LAS FIBRAS DEL PAPEL

En el año 2010, asistí al VI Congreso de la Sociedad Internacional de Peritos en Documentoscopía SIPDO, que se llevó a cabo en la ciudad de Villahermosa Tabasco. Uno de los temas impartidos fue sobre el papel y una de mis grandes inquietudes era conocer y demostrar si hay alguna diferencia cuando se plasma una grafía (línea, escritura, etc...) de manera horizontal o de manera vertical en relación a la dirección del papel. Es decir, la escritura por lo general la realizamos de manera horizontal, y de izquierda hacia la derecha, ya sea una grafía manuscrita, o por medio de impresora o máquina de escribir, y al momento de plasmar dicha grafía o escritura, el papel lo colocamos de manera vertical, entendiendo con ello que los lados más largos de la forma rectangular del papel están verticales. Todo ello nos da como resultado una grafía o escritura horizontal en relación al papel. Ahora bien, cuando todo este procedimiento de la escritura se realiza con el papel colocado de manera horizontal, entonces la

[46] Real Academia Española. Diccionario de la lengua española. Edición del Tricentenario. Actualización 2019. Disponible en: https://dle.rae.es/?w=papel

escritura será vertical en relación al papel. Y resulta que este tema es importantísimo en materia de documentoscopía, posteriormente se verá el tema de cruce de líneas y se deberá establecer, si una línea de bolígrafo tiene la misma forma de dibujo si se escribe vertical, que si se escribe horizontalmente.

A continuación se mencionan algunos conceptos relacionados con la fibra de papel[47]:

Fibras. Son el componente básico del papel, suelen proceder principalmente de la madera pero también de plantas como el cáñamo y el algodón.

Cargas y Pigmentos. Son productos cuya finalidad es modificar las características físicas del papel, por ejemplo blanqueantes, colorantes, etcétera.

Existen 2 tipos de fibra del papel:

Fibras cortas: Se obtienen de árboles de hoja caduca, como el eucalipto o el haya. La longitud media de las fibras es de 1 mm, y su principal característica es la suavidad que aportan al papel.

Fibras largas: proceden de árboles de hoja perenne. Su longitud oscila entre los 2 y los 4 mm. Confieren resistencia al papel.

Las fibras del papel no aparecen en direcciones aleatorias, sino que la mayor parte de ellas se alinean en un sentido determinado. Este sentido le es conferido al papel durante el proceso de fabricación.

La dirección de la fibra es la causante de que sea más fácil cortar, doblar y encuadernar una hoja de papel que si

---

[47] Fuente disponible en: https://www.cevagraf.coop/blog/sentido-fibra-del-papel/

lo hacemos a favor de dicha dirección ("a fibra") que si lo hacemos en contra ("a contrafibra").

La fibra del papel es un aspecto muy importante a considerar en cualquier trabajo de impresión. En el planteamiento técnico del trabajo, el impresor siempre tiene en cuenta este dato ya que la decisión incorrecta sobre este aspecto puede producir resultados no deseados tales como:

1. Curvatura excesiva del papel de la cubierta en libros y revistas.
2. Rotura de la fibra en folletos plegados.
3. Escasa consistencia del producto.

Una vez que se tiene una explicación sobre la dirección de las fibras en el papel, se presentan fotografías microscópicas de las mismas y ejemplos sobre si la escritura de líneas escritas verticalmente tiene un mismo dibujo que las escritas horizontalmente, que servirán además, para demostrar algunos cruces de líneas entre bolígrafos y demostrar si las líneas fueron plasmadas vertical u horizontalmente.

EJEMPLO DE LAS FIBRAS DEL PAPEL

CORTE HORIZONTAL DE UNA HOJA DE PAPEL BOND EN LA QUE SE APRECIA UN CORTE IRREGULAR, Y FIBRAS EN SENTIDO VERTICAL INCOMPLETAS

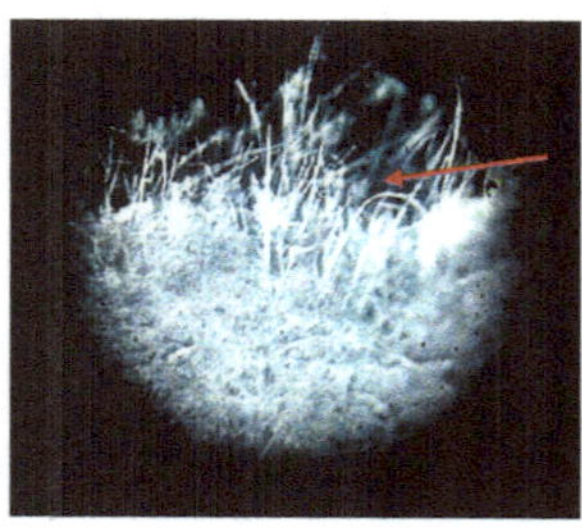

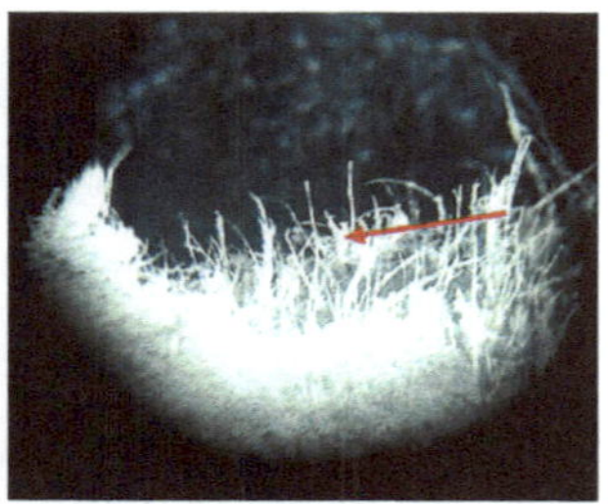

CORTE VERTICAL DE UNA HOJA DE PAPEL BOND EN LA QUE SE APRECIA UN CORTE REGULAR Y FIBRAS VERTICALES COMPLETAS

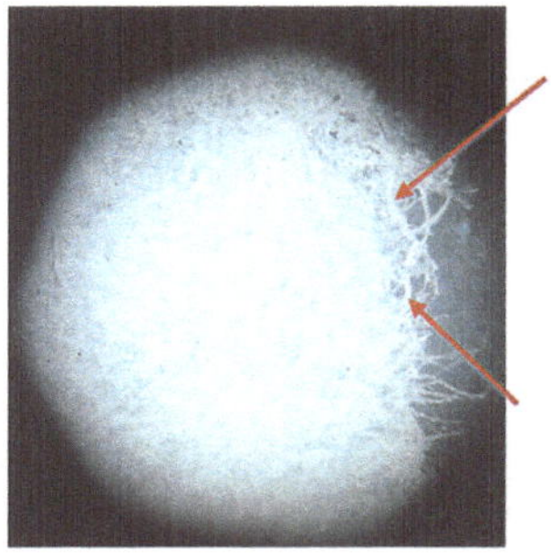

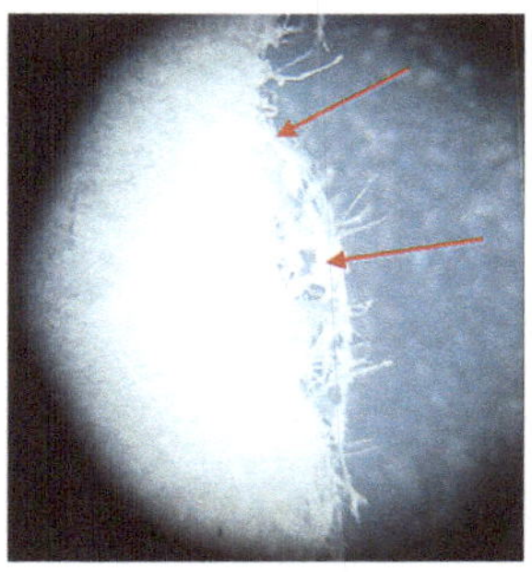

EJEMPLO DE LÍNEAS ESCRITAS SOBRE LAS FIBRAS DEL PAPEL, MOSTRANDO LA DIFERENCIA EN LOS DIBUJOS QUE SE PRESENTAN.

LÍNEA ESCRITA
EN FORMA VERTICAL
UTILIZANDO UN BOLÍGRAFO
DE TINTA NEGRA
PUNTO MEDIANO

LÍNEA ESCRITA
EN FORMA HORIZONTAL
UTILIZANDO EL MISMO BOLÍGRAFO
DE TINTA NEGRA
PUNTO MEDIANO

El grosor es mayor en las líneas verticales, en virtud, de que el útil inscriptor corre conforme a la dirección de las fibras

del papel, por lo que absorbe más tinta, en relación a lo que absorbe una línea horizontal en donde el útil inscriptor corre en contra de las fibras del papel.

A continuación, se hace un cambio de colores parecido a un negativo de fotografía, en donde se aprecia con más claridad.

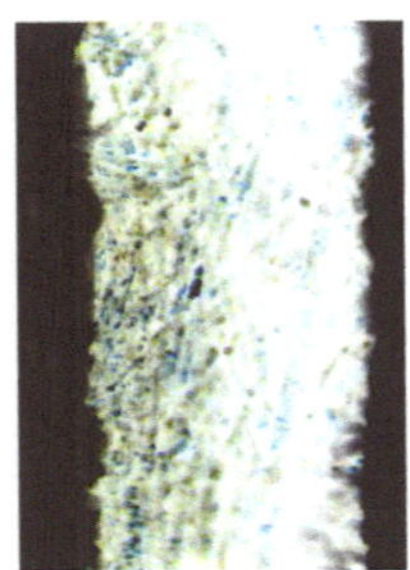

Capítulo XVI
CRUCE DE LÍNEAS

Uno de los problemas en materia de documentoscopía, es demostrar el cruce de dos líneas de escritura, cuál línea cruzo la otra. En los estudios realizados utilizando microscopio he llegado al resultado que sí es posible demostrar qué línea de escritura se puso primero y cual se puso posteriormente.

FOTOGRAFÍA UTILIZANDO MICROSCOPIO DE UNA LÍNEA HORIZONTAL QUE CRUZA UNA LÍNEA VERTICAL Y OTRA TRIANGULAR, OBSERVÁNDOSE LAS FIBRAS DEL PAPEL DE LA LINEA HORIZONTAL ENCIMA DE LAS OTRAS LÍNEAS

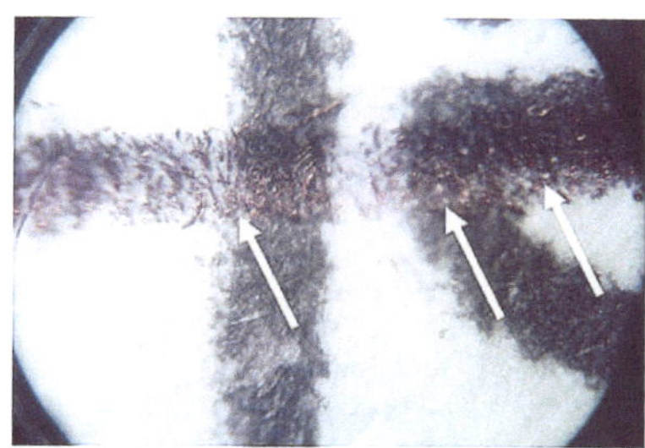

FOTOGRAFÍA UTILIZANDO MICROSCOPIO DE UNA LÍNEA HORIZONTAL DE COLOR ROJO QUE CRUZA LA LÍNEA VERTICAL AZUL, SE APRECIA EL COLOR ROJO SOBRE EL AZUL

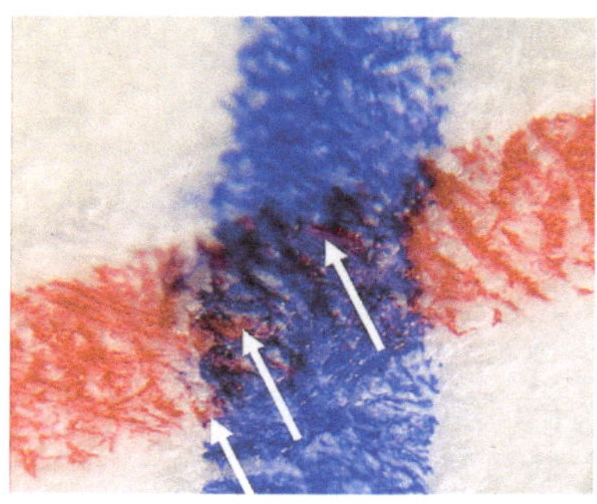

FOTOGRAFÍA UTILIZANDO MICROSCOPIO DE UNA LÍNEA VERTICAL DE COLOR NEGRO, QUE CRUZA LA LÍNEA HORIZONTAL ROJA, SE APRECIAN LAS FIBRAS DE COLOR NEGRO SOBRE LA LÍNEA ROJA Y SI BIEN SE NOTAN FIBRAS ROJAS ESTAS ESTÁN EN LAS ABERTURAS DE LAS FIBRAS NEGRAS

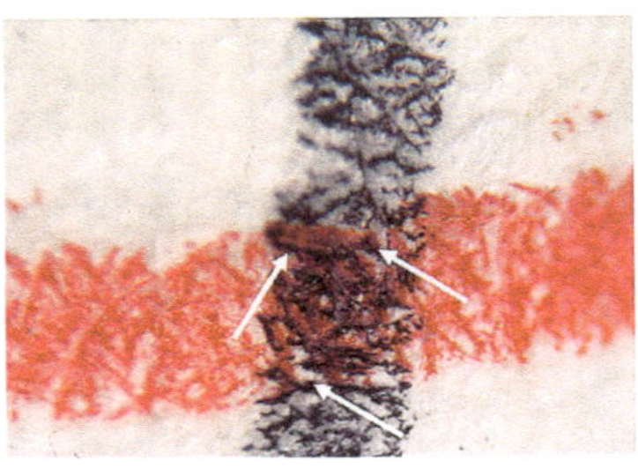

FOTOGRAFÍA UTILIZANDO MICROSCOPIO DE UNA LÍNEA DE IMPRESIÓN DE LÁSER COLOR NEGRO, SOBRE UNA LÍNEA DE BOLÍGRAFO COLOR AZUL, EL POLVO TÓNER AL CUBRIR LAS FIBRAS EN DONDE PASA, ECLIPSA LA LÍNEA DEL BOLÍGRAFO

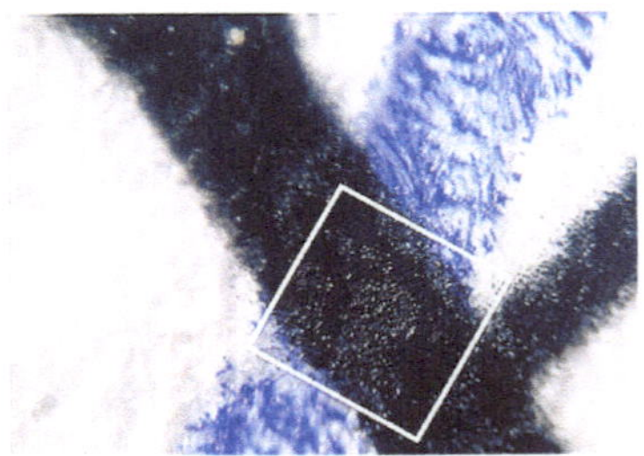

FOTOGRAFÍA UTILIZANDO EL MICROSCOPIO DEL CRUCE DE UNA LÍNEA DE IMPRESIÓN DE LÁSER, SOBRE UNA LÍNEA DE BOLÍGRAFO COLOR NEGRO

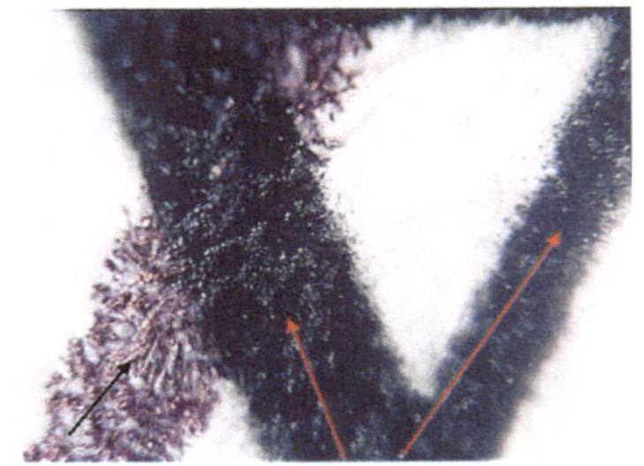

BOLÍGRAFO IMPRESIÓN LÁSER

FOTOGRAFÍA UTILIZANDO EL MICROSCOPIO DEL CRUCE DE UNA LÍNEA DE BOLÍGRAFO DE TINTA COLOR AZUL, SOBRE UNA LÍNEA DE IMPRESIÓN DE LÁSER, APARECE UNA ESTELA DE LUZ SOBRE EL POLVO TÓNER

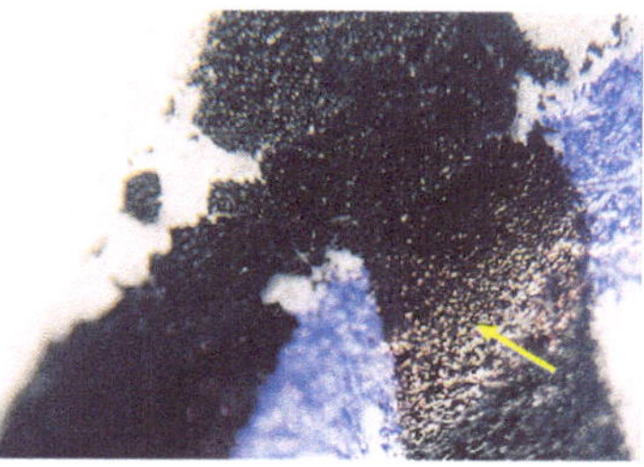

FOTOGRAFÍA UTILIZANDO EL MICROSCOPIO DEL CRUCE DE LÍNEAS ENTRE DOS BOLÍGRAFOS DE COLOR ROJO EN DONDE LA LÍNEA HORIZONTAL SE ENCUENTRA ENCIMA DE LA VERTICAL

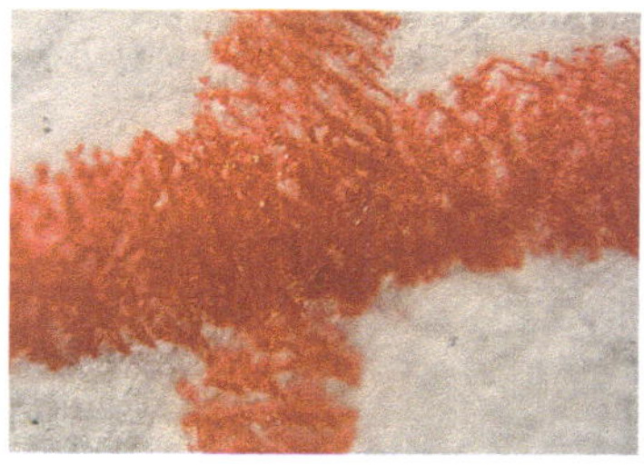

INVIRTIENDO LOS COLORES A FORMA NEGATIVA, SE APRECIA DE MEJOR MANERA QUE LAS FIBRAS DE LA LÍNEA HORIZONTAL, SE ENCUENTRAN MÁS COMPLETAS AL NO OBSERVARSE EL CRUCE DE FIBRAS DE LA LÍNEA VERTICAL, POR LO TANTO CONSIDERO QUE LA LÍNEA HORIZONTAL CRUZA LA LÍNEA VERTICAL

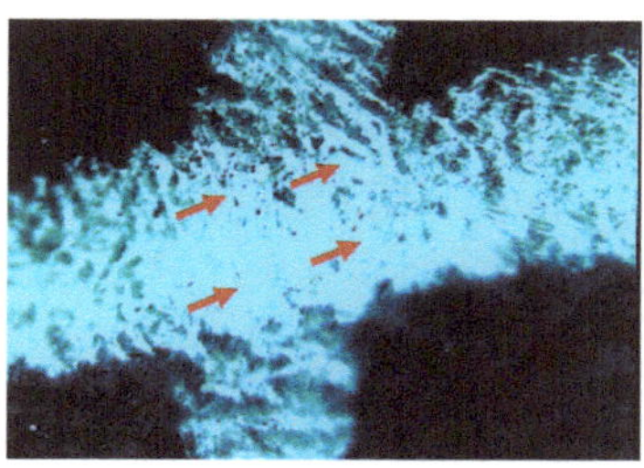

EJEMPLOS DE CRUCES DE LÍNEAS DICTAMINADAS EN VARIOS PERITAJES.

PRIMER EJEMPLO.

En un asunto en materia laboral se presentó una carta renuncia siendo que el trabajador dijo no haberla firmado y que sobre su firma habían escrito la palabra ratificación. Al realizar el estudio con fotografía en microscopio, dictaminé que efectivamente la palabra impresa había tocado la línea de la firma.

FIRMA EN LA CARTA RENUNCIA

Ratifica

FOTOGRAFÍAS UTILIZANDO MICROSCOPIO DEL CRUCE DE LÍNEAS ENTRE LA FIRMA PUESTA CON BOLÍGRAFO Y LA PALABRA "Ratifica", PUESTA CON IMPRESORA EN DONDE SE APRECIA QUE LA IMPRESIÓN CRUZA LA LÍNEA DEL BOLÍGRAFO

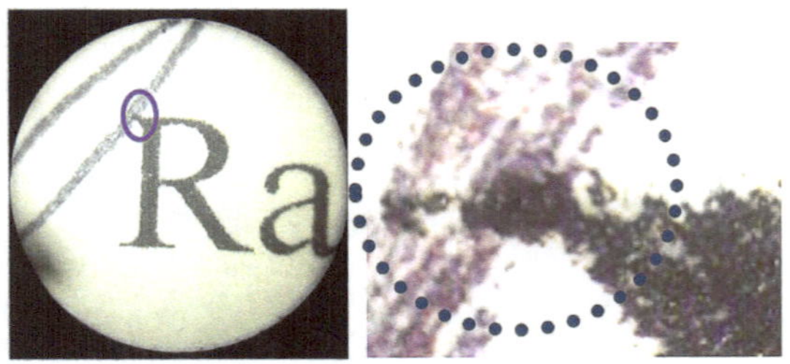

SEGUNDO EJEMPLO.

En otro asunto en materia laboral se presentó una carta renuncia siendo que el trabajador dijo no haberla firmado y que sobre su firma habían escrito una línea. Al realizar el estudio con fotografía en microscopio, dictaminé que efectivamente la línea impresa por impresora de láser, había tocado y pasado por encima de la línea de la firma.

FIRMA EN CARTA RENUNCIA

FOTOGRAFÍA EN MICROSCOPIO DE LA PARTE IZQUIERDA DE LA FIRMA SUPERIOR QUE SE ENCUENTRA EN LA CARTA DE RENUNCIA

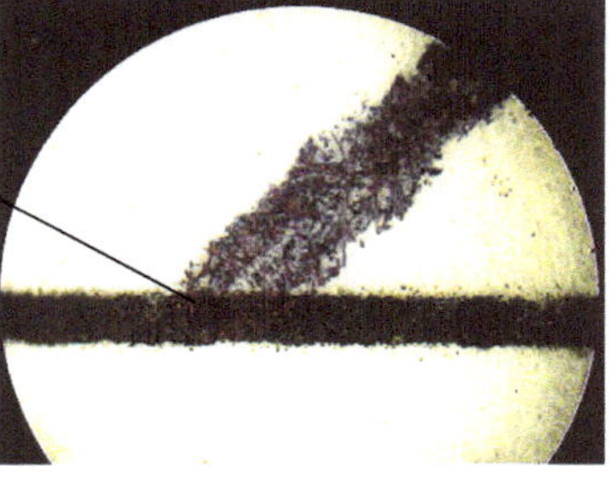

FIRMAS EN CARTA RENUNCIA

FOTOGRAFÍA EN MICROSCOPIO DE LA PARTE MEDIA DE LA FIRMA SUPERIOR DE LA CARTA RENUNCIA

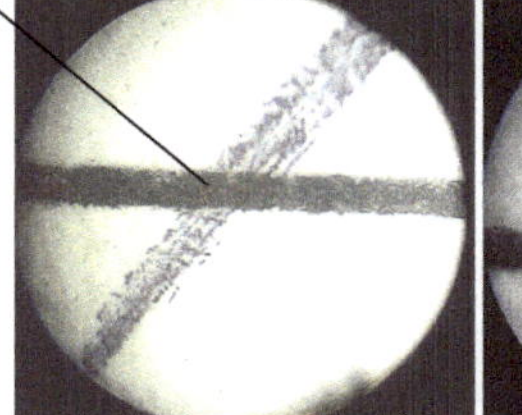

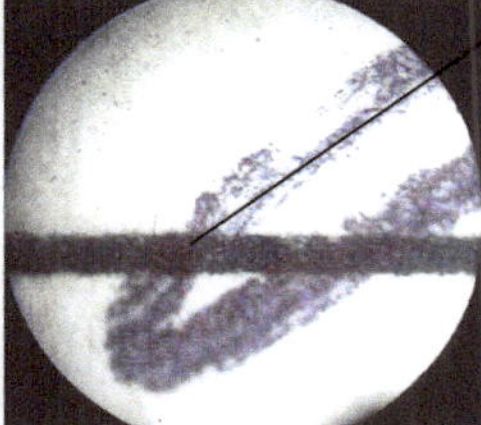

En este peritaje dictaminé en forma positiva, que primero se plasmó la firma y posteriormente se agregó una línea horizontal de color negro, utilizando una impresora de computadora láser, pasando la línea impresa sobre cuatro líneas de bolígrafo.

TERCER EJEMPLO.

Al tener a la vista una letra "G" impresa utilizando impresora láser color negro y varias líneas de escritura en su periferia utilizando bolígrafo de color negro, observé que sobre las líneas de dicha letra, las líneas suscritas con bolígrafo pasan sobre las líneas de impresión a láser, pues como se observa en el cruce de líneas, el color del polvo tóner se desvirtúa (color rojizo) causado por las líneas del bolígrafo que pasan sobre la letra "G".

FOTOGRAFÍA EN MICROSCOPIO DEL CRUCE DE LÍNEAS ENTRE UNA IMPRESORA DE LÁSER Y UN BOLÍGRAFO DE TINTA NEGRA

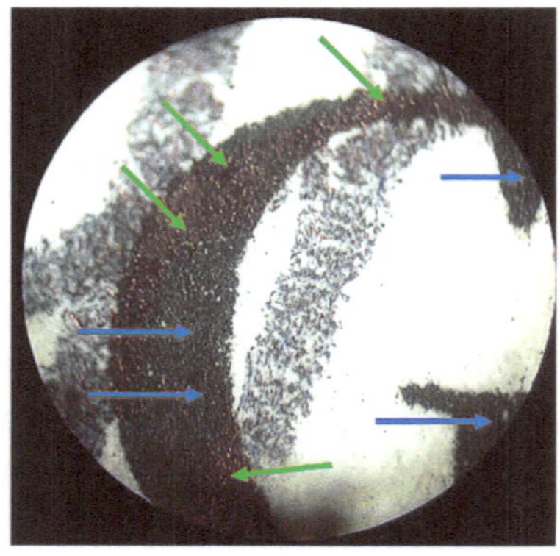

LAS FLECHITAS VERDES INDICAN DONDE HAY CRUCE DE LÍNEAS

LAS FLECHITAS AZULES INDICAN DONDE NO HAY CRUCE DE LÍNEAS

Capítulo XVII
ALTERACIÓN DE DOCUMENTOS

DEFINICIÓN DE ALTERACIÓN.

Transformación material de un documento legítimo en alguna de sus partes, al agregarle o quitarle palabras, cifras, números, etcétera, de modo que el documento exprese o atestigüe cosas distintas de las que expresaba o atestiguaba en su estado primitivo[48], con la finalidad de modificar el sentido del mismo y forzar a una persona a realizar una obligación sin su voluntad.

ALTERACIÓN DE BORRADO CON GOMA.

En un asunto se me nombró perito para dictaminar sobre la existencia o no de alguna alteración de un acta de matrimonio, ya que los cónyuges contrajeron matrimonio optando por el régimen de separación de bienes y posteriormente apareció en el acta como régimen el de sociedad legal. Tuve el acta de matrimonio a la vista y observé un borrado en la parte derecha en el lugar "SEPARACIÓN DE BIENES", como las letras borradas se encontraban en un libro de actas, utilicé un brazo especial para el microscopio poniendo el libro en la base del mismo. Al tomar fotografías en el microscopio, encontré que en ese lugar había la escritura de tres letras "X" que fueron tratadas de borrar utilizando una goma, pero se hizo en forma

[48] Enciclopedia Jurídica. Edición 2020. Disponible en: http://www.enciclopedia-juridica.com/d/falsificaci%C3%B3n-y-adulteraci%C3%B3n-de-documentos/falsificaci%C3%B3n-y-adulteraci%C3%B3n-de-documentos.htm

torpe, lo que demuestra una alteración, en virtud, de que se modificó el sentido del régimen matrimonial convenido por los cónyuges, que era el de separación de bienes y con la alteración se trata de exigir a uno de los cónyuges a realizar una obligación sin su voluntad.

FOTOGRAFÍA UTILIZANDO MICROSCOPIO CON EL BRAZO, SE INTRODUJO EL LIBRO EN EL MICROSCOPIO, QUE MUESTRA LA ALTERACIÓN DEL ACTA POR BORRADO

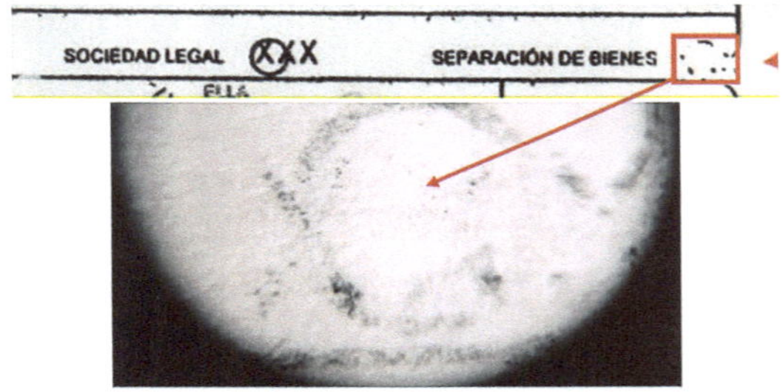

ALTERACIÓN POR LAVADO QUÍMICO.

Fui nombrado en un asunto mercantil con la finalidad de dictaminar si la fecha de pago del pagaré base de la acción "15 del mes de MAYO del año 2015", había sido alterada, acepté el cago y tuve a la vista un documento nominativo de los llamados pagaré que es el siguiente (se omite el nombre tanto del actor, como del deudor por cuestiones de privacidad y seguridad).

En Aguascalientes, Ags, debo y pagaré a la orden de ________ pagaderos en Aguascalientes, Ags, el 15 del mes de MAYO del año 20 15, la cantidad de $ 5,000.00 (CINCO MIL PESOS 00/100 M.N), acordando que desde la fecha de su vencimiento de este documento hasta su liquidación causara un interés moratorio de 4 % mensual, por lo que leídas que fueron cada una de las lineas anteriores, el mismo se firma y/o expide a los 21 del mes de FEBRERO del año 20 14

DATOS

Nombre ________
Dirección ________
Población AGUASCALIENTES,AGS.

SEGUNDA LÍNEA DEL PAGARÉ BASE DE LA ACCIÓN QUE SE REFIERE A LA FECHA DE PAGO

Al realizar el estudio de la parte del pagaré que se refiere a la fecha de pago que se encuentra en la segunda línea del mismo, se observa la existencia de algunas líneas semiborradas, como debajo del número "5" correspondiente al día, así como debajo del número "5" correspondiente al año, aclarando que únicamente se realizó el estudio del número "5" relativo al año por así haberse pedido en el cuestionario.

En virtud de que mi dictamen debe ser demostrativo, utilicé mi microscopio para demostrar que número o letra se encuentran debajo del número "5" relativo al año.

EN CUANTO AL NÚMERO "5" DEL DÍA DE LA FECHA DE PAGO

Con el microscopio se observa en forma indiscutible que primeramente se plasmó un número "6", el que se trató de borrar por el método de lavado químico y sobre ese número semiborrado se escribió un número "5".

EN CUANTO AL NÚMERO "5" DEL AÑO DE LA FECHA DE PAGO

De la misma forma, con el microscopio se observa en forma incuestionable que originalmente se plasmó un número "4" en el año de la fecha de pago, el que se trató de borrar completamente por el método de lavado químico y sobre ese número semiborrado se escribió un número "5".

FOTOGRAFÍA UTILIZANDO MICROSCOPIO, MEDIANTE LA CUAL SE APRECIAN LÍNEAS POR LAS QUE SE IDENTIFICA A UN NÚMERO "4" QUE SE ENCONTRABA ESCRITO DEBAJO DEL NÚMERO "5"

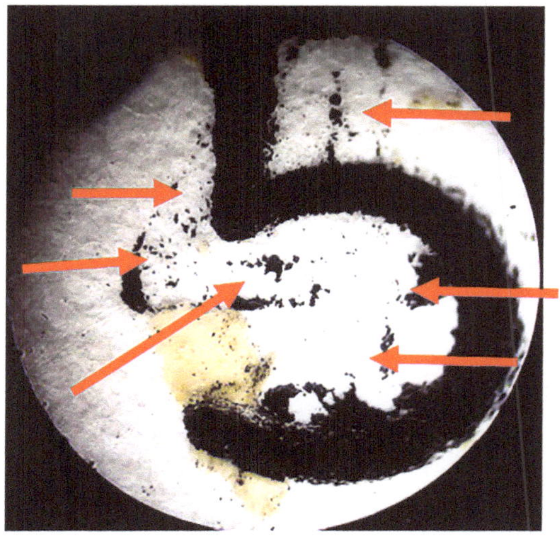

Con una mayor ampliación se hizo la demostración de la forma en que se encontraba plasmado el número "4" antes que se tratara de borrar por lavado químico.

MÉTODO QUE SE UTILIZÓ PARA HACER EL BORRADO DEL NÚMERO "4" QUE SE ENCONTRABA ESCRITO DEBAJO DEL NÚMERO "5" DEL AÑO DE LA FECHA DE PAGO.

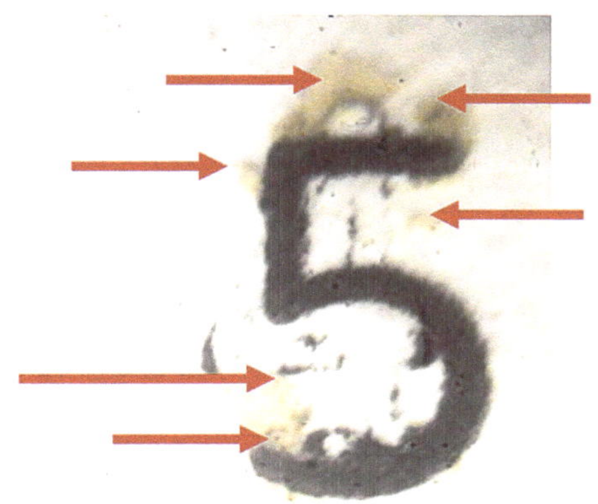

Como se puede observar, se utilizó para el borrado del número "4" correspondiente al año de la fecha de pago un líquido, en base a los residuos que se muestran, además de no existir fibrillas de papel levantadas. No se realizó el estudio del líquido químico utilizado, en virtud, de que no fue materia del peritaje.

ALTERACIÓN DE DOCUMENTO POR LAVADO QUÍMICO, CON LA FINALIDAD DE DEMOSTRAR LA EDAD DE LA TINTA CON QUE FUERON LLENADOS LOS REQUISITOS DE UN PAGARÉ.

En un asunto mercantil, un perito pidió permiso al C. Juez para poner ácido clorhídrico en algunas letras y números del documento, señalando que no existiría ningún problema, ya que no se alteraría el mismo, y el Juez lo permitió y el resultado final fue que el pagaré fue alterado en todas las partes en que se hizo el lavado químico, al poner sobre las letras dicho líquido químico. En lugares de la alteración en donde se ponía demasiado líquido, las líneas de escritura casi desaparecían, en seguida expongo el resultado, únicamente en los lugares en donde se aplicó el líquido: **con flechitas rojas se señala el cambio de color a azul turquesa y con flechitas moradas el color azul intenso original**.

SE COLOCÓ POCO LÍQUIDO QUÍMICO EN EL NÚMERO "0" DE LA CANTIDAD DE SUERTE PRINCIPAL.

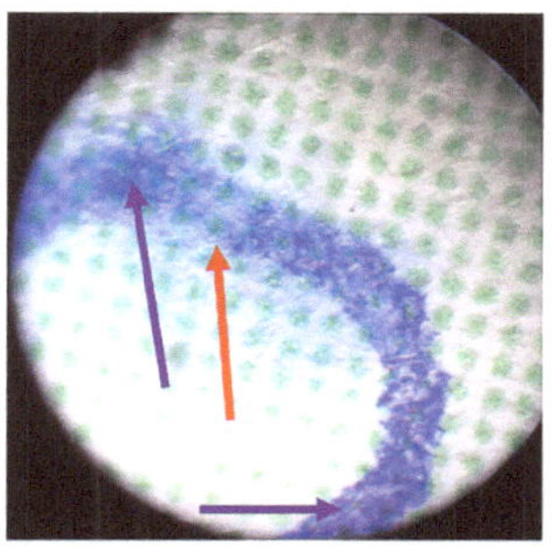

SE COLOCÓ POCO LÍQUIDO QUÍMICO LA LETRA "e" del mes "octubre".

.... a 13 de octubre de 20 14

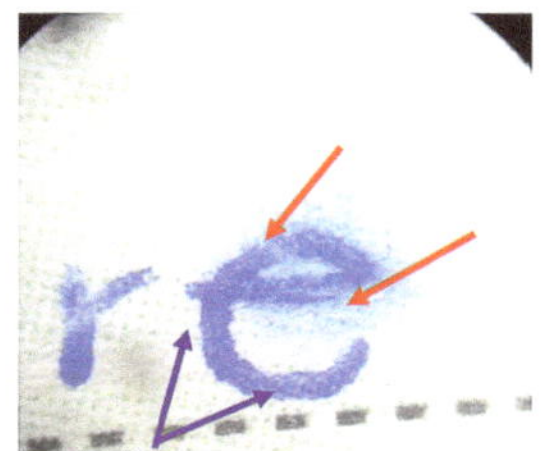

SE COLOCÓ POCO LÍQUIDO QUÍMICO EN LA LETRA "H" DEL APELLIDO "Hernández".

a la orden de Héctor Hugo Díaz Hernández

Nombre de la persona a quien ha de pagarse

PARTE IZQUIERDA SUPERIOR

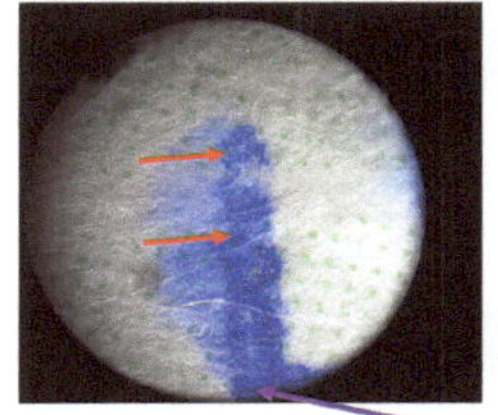

PARTE DERECHA SUPERIOR

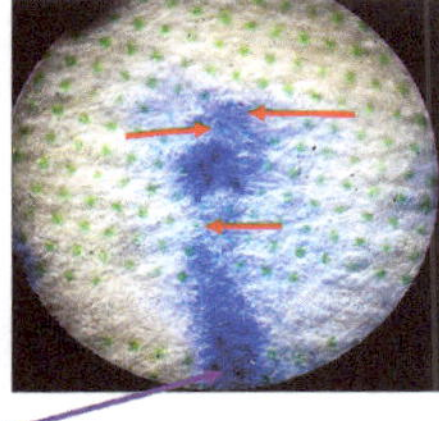

SE COLOCÓ REGULAR LÍQUIDO QUÍMICO EN LA LETRA “A” DE LA ABREVIATURA “Ags”.

Aguascalientes, Ags.
Lugar del pago

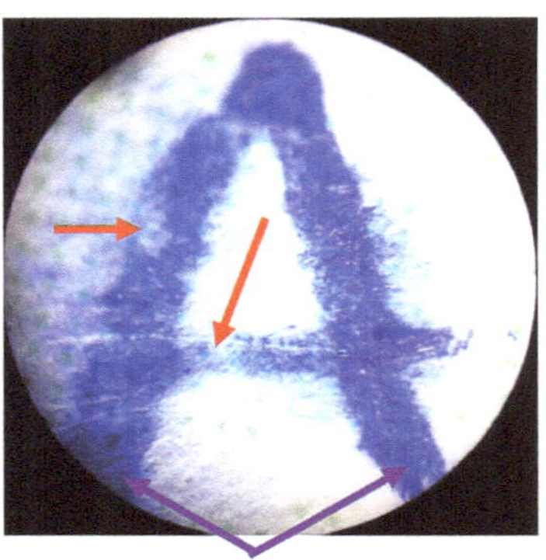

SE COLOCÓ UNA CANTIDAD CONSIDERABLE DE LÍQUIDO QUÍMICO EN LA LETRA “t” DEL MES “octubre”.

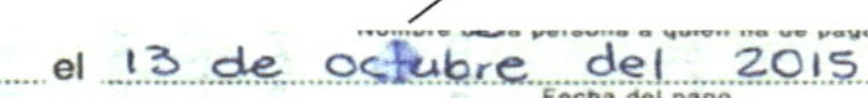

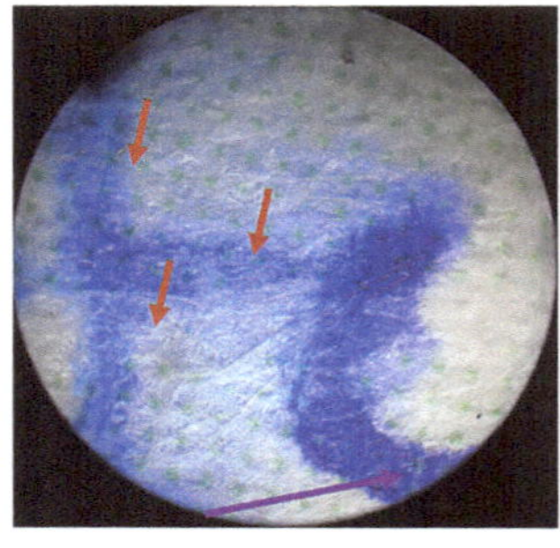

SE COLOCÓ DEMASIADO LÍQUIDO QUÍMICO, CASI DESAPARECE LA LÍNEA Y DONDE NO TOCÓ EL LÍQUIDO LA LETRA SE MANTIENE EN EL COLOR ORIGINAL

SE COLOCÓ POCO LÍQUIDO QUÍMICO EN LA "LÍNEA DIAGONAL" DE LOS NÚMEROS "00/100".

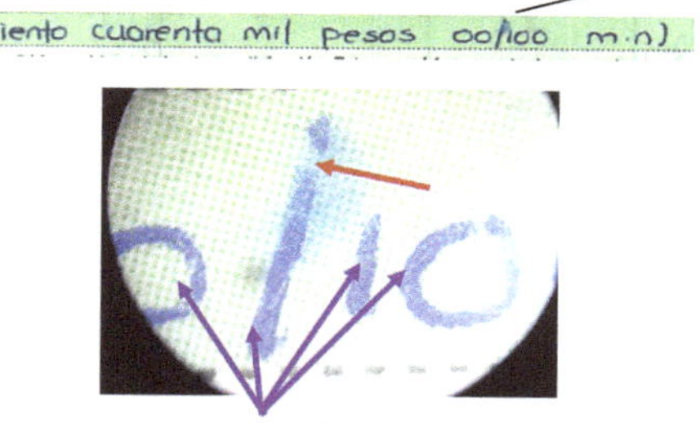

SE COLOCÓ POCO LÍQUIDO QUÍMICO EN EL NÚMERO "5" DE LOS INTERESES MORATORIOS.

de los ya vencidos, desde
5 ....% mensual, pa

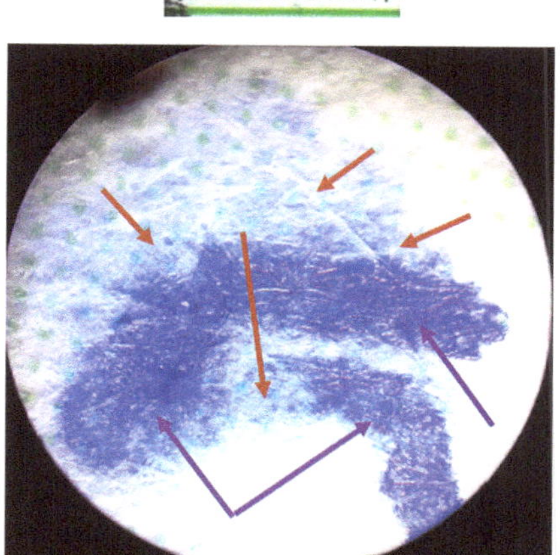

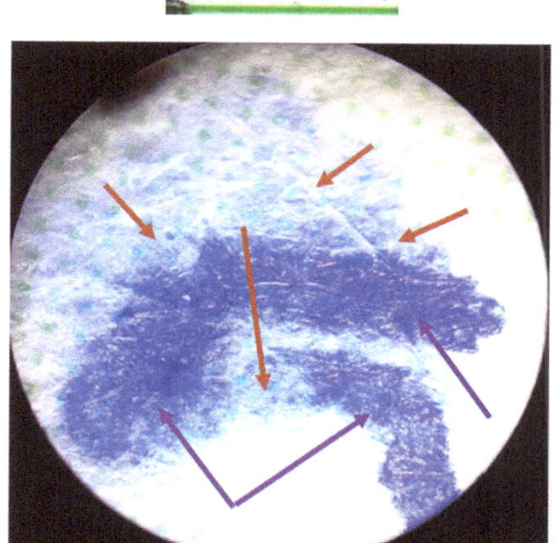

SE COLOCÓ REGULAR LÍQUIDO QUÍMICO EN LA PARTE SUPERIOR Y SE BARRIÓ

SE COLOCÓ POCO LÍQUIDO QUÍMICO EN DATOS DEL DEUDOR LA LETRA "M" DEL APELLIDO "Montoya".

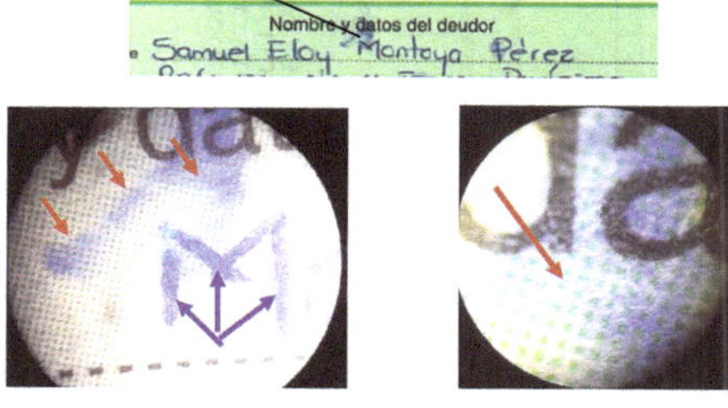

SE COLOCÓ REGULAR CANTIDAD DE LÍQUIDO QUÍMICO EN LA PARTE SUPERIOR Y SE BARRIÓ HACIA LA PARTE SUPERIOR

SE COLOCÓ UNA CANTIDAD CONSIDERABLE DE LÍQUIDO QUÍMICO EN LA LETRA "r" DE LA ABREVIATURA "Fracc".

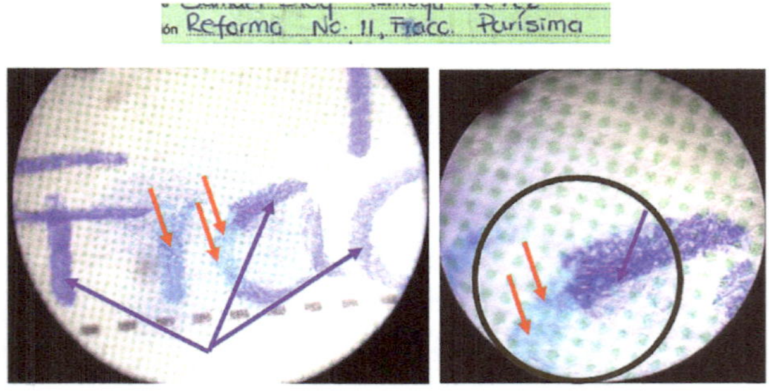

SE COLOCÓ DEMASIADO LÍQUIDO QUÍMICO, CASI DESAPARECE LA LETRA "r" Y DONDE NO TOCÓ EL LÍQUIDO EN LA LETRA "A" SE MANTIENE EL COLOR ORIGINAL

SE COLOCÓ UNA CANTIDAD CONSIDERABLE DE LÍQUIDO QUÍMICO EN LA LETRA "y" DEL APELLIDO "Montoya".

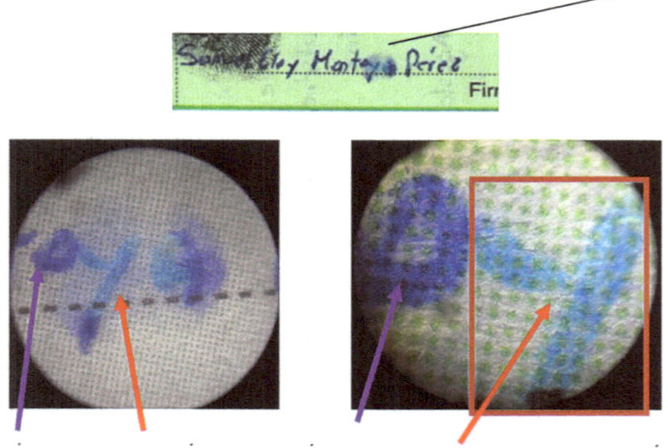

SE COLOCÓ DEMASIADO LÍQUIDO QUÍMICO, CASI DESAPARECE LA LÍNEA DE LA LETRA "y", DONDE NO TOCÓ EL LÍQUIDO SE MANTIENE EL COLOR ORIGINAL

SE COLOCÓ POCO LÍQUIDO QUÍMICO EN PARTE DE LA FIRMA DEL DEUDOR.

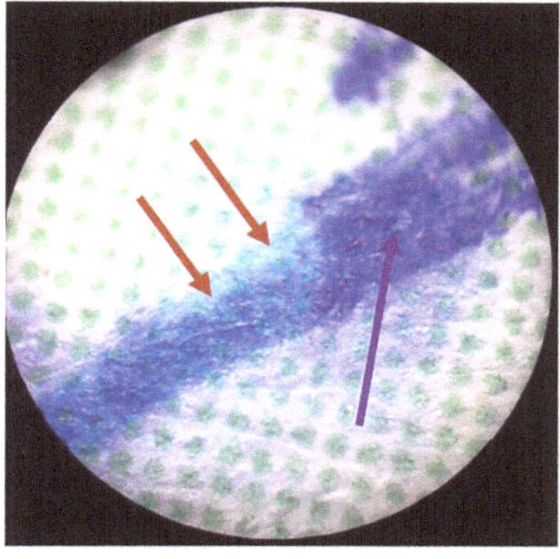

SE COLOCÓ POCO LÍQUIDO QUÍMICO, AUN ASÍ SE DISTINGUE LA DIFERENCIA EN EL COLOR EN DONDE HAY LÍQUIDO QUÍMICO

Las conclusiones del perito que aplicó el líquido químico, fueron en el sentido de que los lugares del pagaré fueron llenados en dos actos:

Los datos de un primer acto (datos del deudor, la firma, el llenado manuscrito del primer aval y firma), se llenaron en el año 2014 y que fueron suscritas con un útil inscriptor azul intenso.

Los datos de un segundo acto (cantidad con número, fecha de expedición, lugar y fecha de pago, cantidad con letra, serie e interés), se llenaron en el año 2016, y que fueron suscritas con un útil azul turquesa.

Como se demuestra en las fotografías tomadas con microscopio, toda la escritura que no tocó el líquido químico puesto en las letras y líneas del pagaré, el color de tinta del útil inscriptor como yo lo dictaminé fue de color azul intenso y en el lugar en donde toco las letras y líneas el líquido químico, cambió a color azul turquesa, lo que demuestra que no es posible dictaminar el envejecimiento de tintas por el método de aplicación de ácido clorhídrico.

ALTERACIÓN POR AGREGADO

Para este apartado conviene repetir dos casos plasmados dentro del capítulo XVI "Cruce de líneas", pues son dos temas relacionados entre sí, aunque en este apartado de "Alteración por agregado", dichos ejemplos se detallan en este sentido.

PRIMER EJEMPLO

En un procedimiento laboral se me nombró perito en documentoscopía para dictaminar si una firma plasmada en una carta de renuncia había sido suscrita antes o después de la palabra "Ratifica" y encontré que la letra "R" pasaba por encima de la parte inferior derecha de la letra "J" manuscrita, ya que no tuvieron el suficiente cuidado al imprimir la palabra "Ratifica", por lo que una pequeña parte de la letra "R" impresa, tocó la letra "J" manuscrita, y utilizando microscopio logré resolver el peritaje.

FIRMA DUBITADA

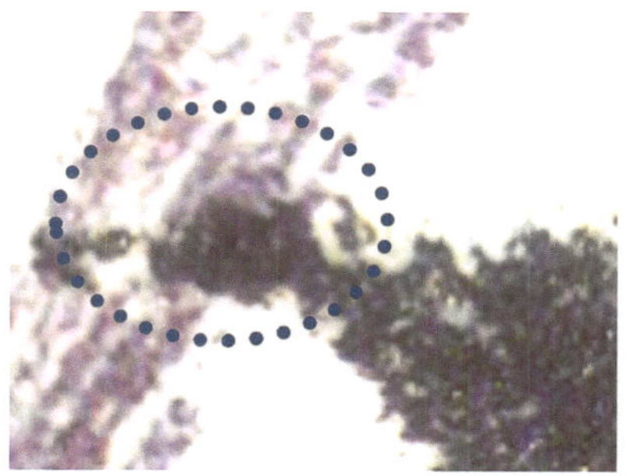

SEGUNDO EJEMPLO

En otro procedimiento laboral, también se me nombró perito en documentoscopía, para dictaminar si una firma plasmada en una carta de renuncia había sido suscrita antes o después de una línea horizontal que se encontraba debajo de la firma, y encontré que efectivamente, después de haberse suscrito la firma, agregaron la línea horizontal. Con la ayuda de fotografía utilizando microscopio, demostré que en este caso, la línea impresa con impresora láser pasó sobre las tres líneas manuscritas, como se muestra con las siguientes ilustraciones.

FIRMA EN CARTA RENUNCIA

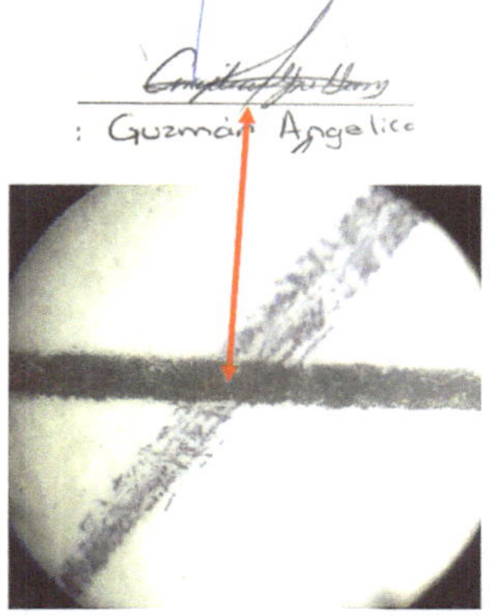

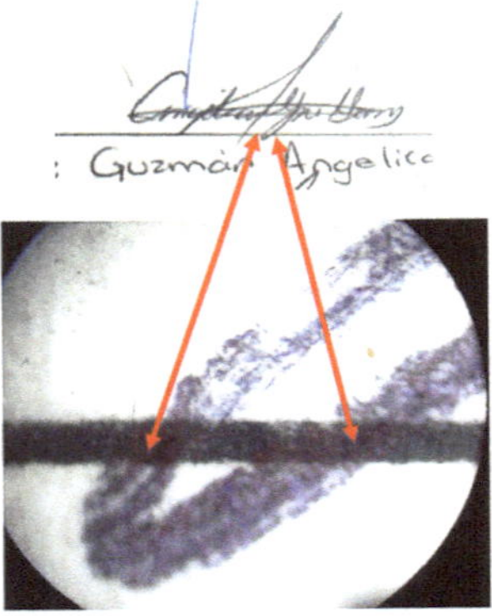

Como puede observarse en los casos señalados, es muy importante tomar fotografías utilizando microscopio, ya que con ello, en lugar de decirle al juzgador cual fue el resultado de estudio pericial, se le demuestra y queda comprobado en forma más verídica cual fue el resultado del estudio pericial.

Capítulo XVIII
FALSIFICACIONES POR CALCO

DEFINICIÓN DE CALCO.

Copia que se obtiene calcando por contacto del original con el papel o soporte de superficie lisa al cual se quiere trasladar[49].

En la materia que nos atañe, lo defino como la reproducción total o parcial de una firma o escritura teniendo como modelo un documento original, ya sea con papel carbón u otros medios.

CALCO DIRECTO.

Lo defino como la acción de reproducir la escritura o firma de un documento original y se realiza en la forma siguiente: se tiene a la vista el documento que contiene la escritura o firma a calcar, sobre el mismo, se coloca otro documento en blanco en el que se copia la línea o líneas del documento original, si existe presión muscular apoyada quedan fragmentos de la tinta u otro material del documento original en la parte posterior del documento falsificado.

EJEMPLO DE UN CASO DE CALCO DIRECTO.

En el año 2015, se me contrató para realizar un peritaje en grafoscopía y documentoscopía, ya que mi cliente consideró que la firma que se le atribuía en un contrato de arrendamiento, no la había suscrito, que no era de su puño y letra, ofreciendo la

[49] Fuente disponible en: https://www.lexico.com/es/definicion/calco

prueba en documentoscopía y grafoscopía. La firma dubitada, problema o cuestionada es la siguiente.

Acepté el cargo de perito y de acuerdo con lo ordenado en el procedimiento, pedí se mandara llamar a la persona demandada para que ante la fe del Secretario del Juzgado, plasmara muestras de escritura de acuerdo a lo que los peritos de las partes necesitábamos para la elaboración del peritaje, por lo que pedí a dicha persona plasmara ocho veces su firma.

Una vez teniendo las firmas indubitadas para estudio, haciendo una comparación contra la firma dubitada o problema, observé que existía algo raro entre la grafía de la firma dubitada comparada contra las firmas indubitadas, puesto que presentaban un mismo alineamiento gráfico, mismos espacios gramaticales e interlineales y algunas otras formas, pero al entrar al estudio de las particularidades morfológicas de cada letra, advertí que entre las letras de las firmas indubitadas la grafía era muy parecida, pero al hacer el estudio comparativo de estas contra la grafía morfológica de las letras de la firma dubitada, presentaban una grafía diferente en todas las letras.

Di vuelta al documento y encontré que en esa parte posterior se apreciaban algunas manchitas de polvo y me supuse que existía probablemente una falsificación por calco o duplicidad. Utilizando primeramente un microscopio de bolsillo, realicé un rastreo sobre la parte posterior del documento en donde se encontraba la firma falsificada y encontré la existencia de residuos de tinta posiblemente del documento original en la parte posterior del documento que contenía la firma falsificada.

Al percatarme de la existencia de una falsificación por calco directo, utilicé el microscopio y encontré que se colocó un documento que contenía una firma y sobre el mismo se colocó otro documento en blanco, calcándose de esa manera la firma dubitada utilizando un útil inscriptor de tinta azul.

Ya contaba con las fotografías en microscopio, comenzando la difícil tarea de demostrar y comprobar que esos residuos de tinta pertenecían a una firma original. Una vez efectuado el estudio, realiecé el peritaje en la siguiente forma:

FIRMA DUBITADA

FOTOGRAFÍA DE LA PARTE POSTERIOR DE LA FIRMA DUBITADA

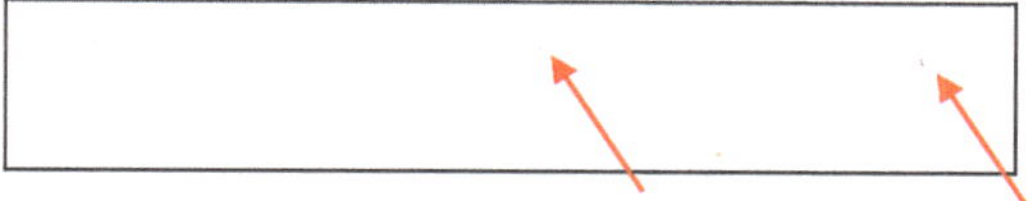

SE ALCANZAN A OBSERVAR VARIOS RESIDUOS DE INSCRIPCIONES ILEGIBLES

Una vez realizado el estudio microscópico, encontré lo siguiente:

Existen dos puntos de apoyo con tinta en la parte derecha sobre la escritura en la parte posterior de la letra “f” del nombre “francisco” y una línea en la parte inferior.

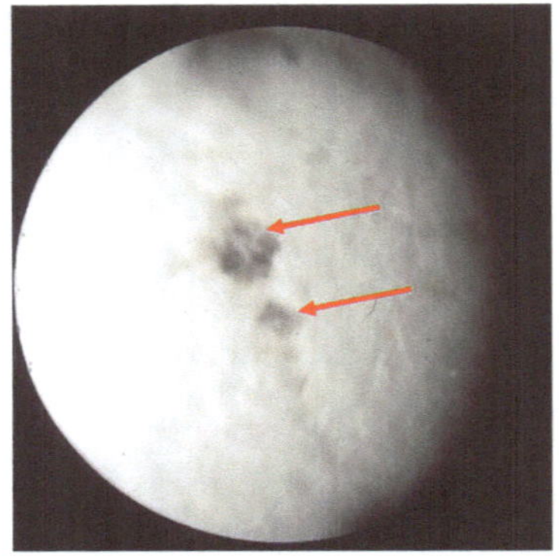

Asimismo, hay una línea con residuos de tinta en la parte posterior de la primera letra "a" del apellido "Esparza" y otros pequeños puntos.

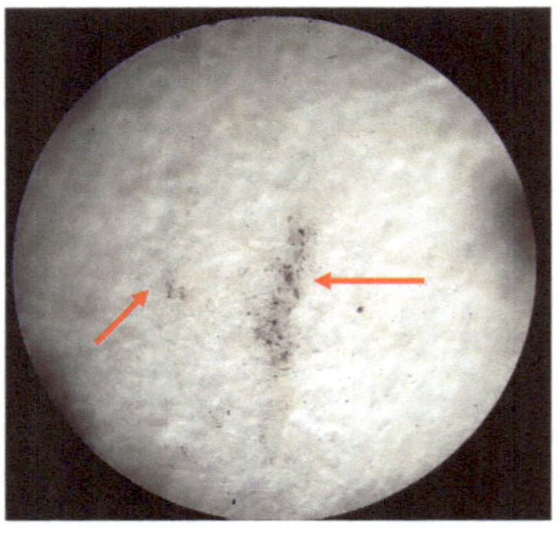

Como resultado de lo anterior, se debe aplicar la **"LEY DE LA RECIPROCIDADO O PRINCIPIO DE INTERCAMBIO"**, la cual reza de la siguiente manera:

> **"Toda acción tiene uno o múltiples efectos, estos efectos suelen producirse por efectos indeseados, no previstos o mal valorados".**

Este tipo de efectos se dan cuando se realiza algún acto de falsificación en CRIMINALÍSTICA, en este caso, en materia de grafoscopía y documentoscopía, **ALGO ME LLEVO y**

ALGO DEJO, esto es, el documento del que fue falsificada la firma, dejó huellas de tinta en la parte posterior de la firma y se llevó menos cantidad de tinta con que contaba antes de la falsificación.

En seguida y para probar mi dicho, hice el estudio comparativo de la tinta encontrada en la parte posterior.

EN CUANTO AL NOMBRE "francisco".

La escritura del nombre "francisco" vista en la parte anterior del documento

La escritura del nombre "francisco", vista en la parte posterior del documento.

Existe correspondencia en el punto de apoyo que se encuentra sobre la línea vertical parte superior de la letra "f" del nombre "francisco" y la huella de tinta, bastante notado el punto de apoyo.

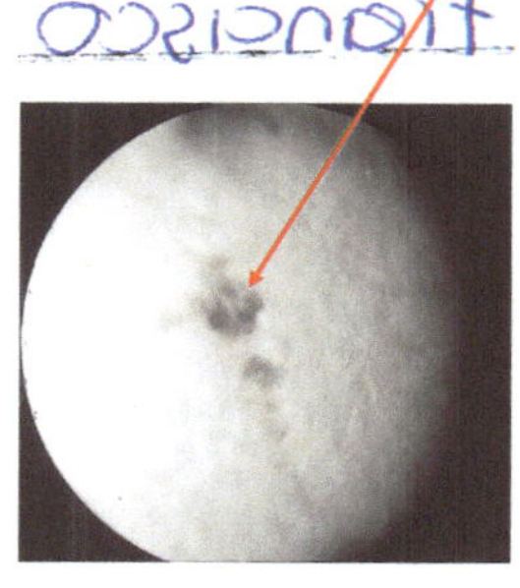

Asimismo, existe correspondencia en otro punto de apoyo que se encuentra debajo del antes mencionado, también sobre la línea vertical parte superior de la letra "f" del nombre "francisco", la que se observa más tenue.

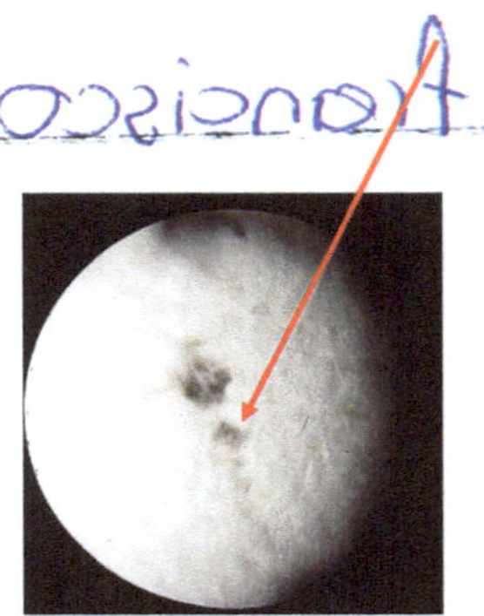

Del mismo modo, debajo de los puntos de apoyo antes señalados se observa una línea con rasgos de tinta que corresponden también a la línea vertical parte superior de la letra "f" del nombre "francisco" más tenue, en virtud, de que el firmante quitó fuerza a su escritura.

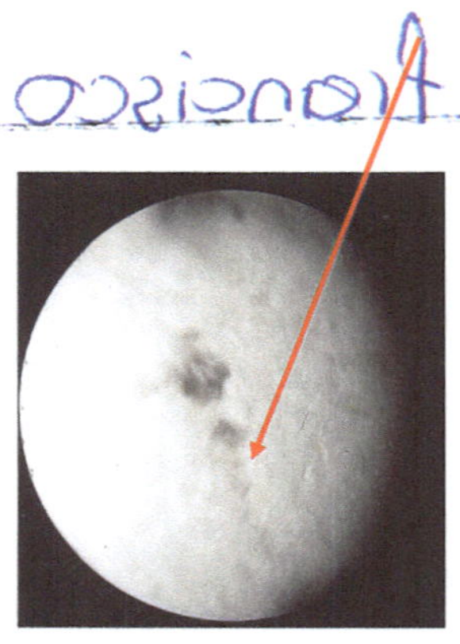

EN CUANTO AL APELLIDO "Esparza".

La escritura del apellido "Esparza" visto en la parte anterior del documento.

La escritura del apellido "Esparza" visto en la parte posterior del documento.

En cuanto al apellido "Esparza", aparece en la parte posterior, una línea diagonal con rasgos de tinta negra perteneciente a la parte final de la primera letra "a".

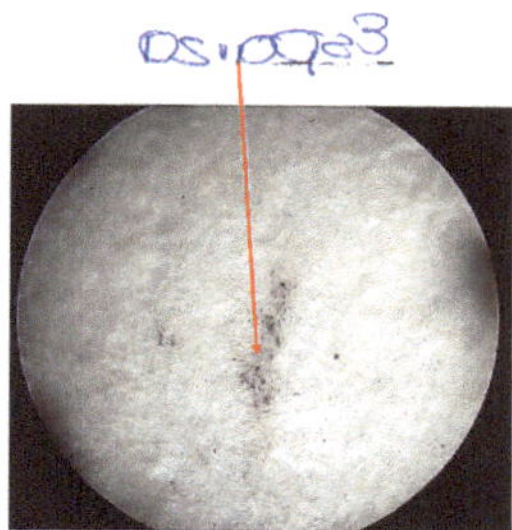

Asimismo, se alcanza a notar, un punto de apoyo con rasgos de tinta negra perteneciente a la parte inferior de la letra "r" del apellido "Esparza".

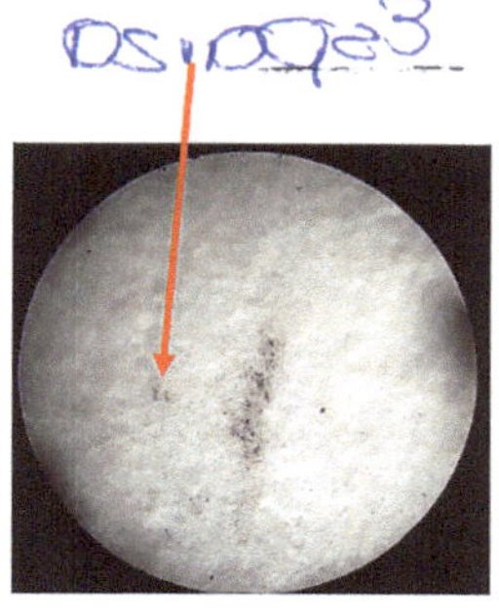

Una vez que se ha comprobado la existencia de tinta en la parte posterior de la firma dubitada, se demuestra la existencia de una falsificación por calco directo.

Se hace la aclaración que es necesario para realizar un estudio de calco directo, que las líneas del documento en blanco, pasen exactamente sobre las líneas que contenga la escritura a falsificar, se observan también algunos puntos de tinta pero no son susceptibles de estudio. No es muy común acceder a un peritaje de esa naturaleza, ni tener los instrumentos necesarios para poder demostrar el calco directo.

CALCO UTILIZANDO PAPEL CARBÓN.

Este tipo de falsificación se realiza poniendo un papel carbón o pasante sobre un documento en blanco y sobre el papel carbón otro documento que contiene la firma o escritura que se quiera falsificar, se puede utilizar cualquier instrumento con punta o cualquier útil inscriptor con punta. El resultado será de mala calidad puesto que se puede observar fácilmente que se trata de una firma al carbón ya sea negro o de color.

CALCO UTILIZANDO COMPUTADORA, ESCÁNER E IMPRESORA DE INYECCIÓN DE TINTA.

Este tipo de falsificación es muy utilizada actualmente debido a la utilización de sistemas computacionales usando impresoras de alta calidad. El método utilizado por personas conocedoras de sistemas computacionales es el siguiente:

Se tiene a la vista un documento con la firma a falsificar, se utiliza en la computadora un archivo de cambio de líneas y se manda a otro archivo de la computadora, se unen las líneas hasta reproducir la firma a falsificar en forma muy parecida, posteriormente se ubica la firma en el lugar necesario de un nuevo archivo y se imprime utilizando una impresora de inyección de tinta a color. Se hace valer que en este tipo de falsificación, es utiliza impresión por inyección de tinta a color, en virtud de que la impresora expulsa tinta sobre el papel que a simple vista se confunde con la impresión de un bolígrafo. En la impresión de láser, la impresora expulsa polvo de tóner, por lo que es menos conveniente utilizarla para este tipo de falsificaciones.

En este tipo de peritajes es muy necesario utilizar microscopio, ya que la impresión de una impresora de computadora de inyección de tinta de alta calidad como se ha dicho, es muy parecida a la que deja un útil inscriptor.

Dentro de un procedimiento laboral, se me nombró perito en documentoscopía y grafoscopía, ya que a un trabajador se le atribuia una firma plasmada en una hoja de entrega de obra.

SE PUSO A MI VISTA LA FIRMA QUE ES LA SIGUIENTE

ENTREGA

C. PEDRO CARLOS LOPEZ S

Al tener a la vista la firma problema en estudio, encontré a simple vista muchas interrupciones en las líneas de la firma que no se encuentran normalmente cuando se utiliza un útil inscriptor de los llamados bolígrafos, por lo que utilicé un microscopio y me di cuenta que la firma había sido falsificada utilizando el método de falsificación por calco, utilizando una computadora y una impresora de inyección de tinta a color.

En este libro, presento cuatro fotografías con aumento en el microscopio de 20x (x) 50, que es especial en el microscopio utilizado al haber quitado parte de un objetivo, y cinco fotografías de aumento de 20x (x) 100, haciendo señalamientos en cada caso del lugar de la firma dubitada de donde se tomó la fotografía.

FOTOGRAFÍA CON AUMENTO EN EL MICROSCOPIO

20x (x) 50

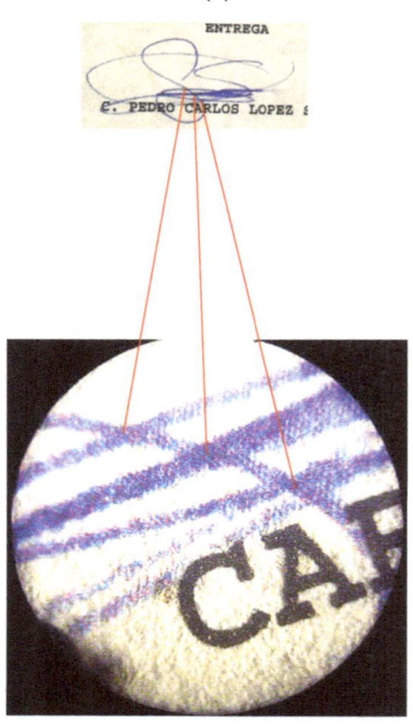

FOTOGRAFÍA CON AUMENTO EN EL MICROSCOPIO

20x (x) 50

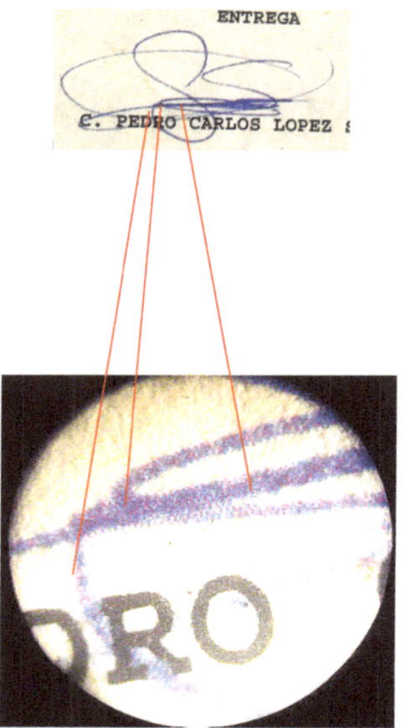

FOTOGRAFÍA CON AUMENTO EN EL MICROSCOPIO

20x (x) 50

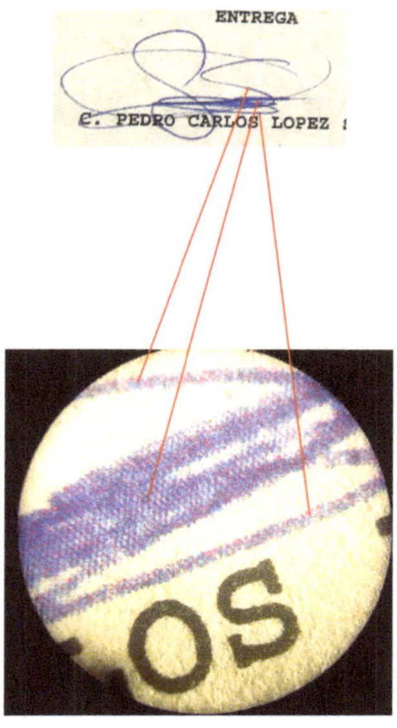

FOTOGRAFÍA CON AUMENTO EN EL MICROSCOPIO

20x (x) 50

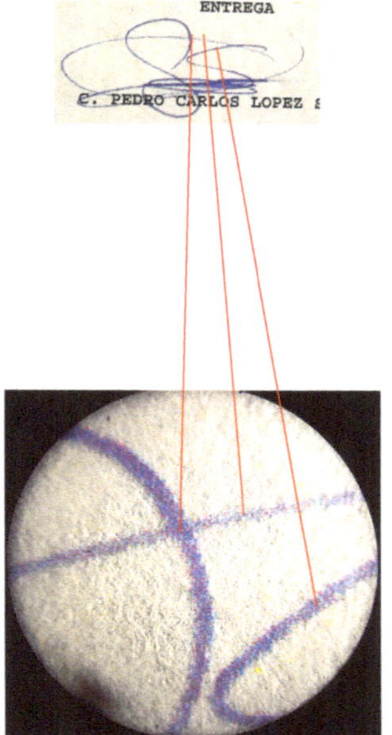

FOTOGRAFÍA CON AUMENTO EN EL MICROSCOPIO

20x (x) 100

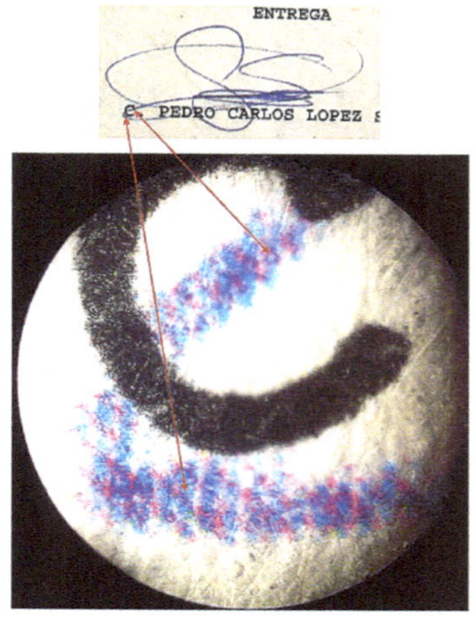

FOTOGRAFÍA CON AUMENTO EN EL MICROSCOPIO

20x (x) 100

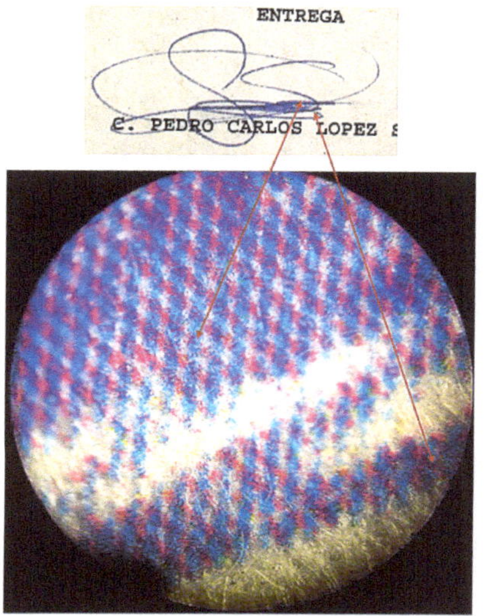

FOTOGRAFÍA CON AUMENTO EN EL MICROSCOPIO

20x (x) 100

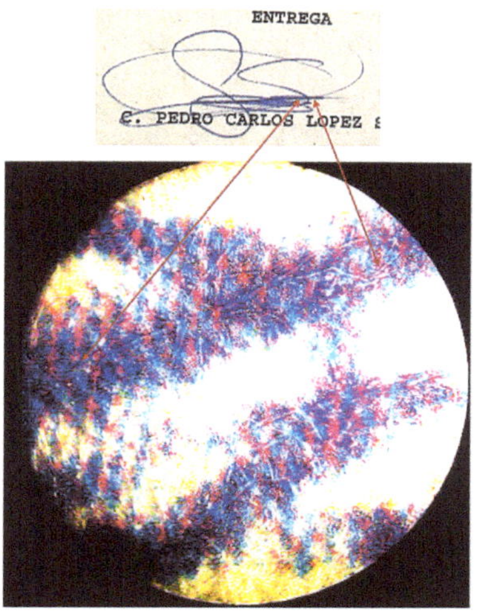

FOTOGRAFÍA CON AUMENTO EN EL MICROSCOPIO

20x (x) 100

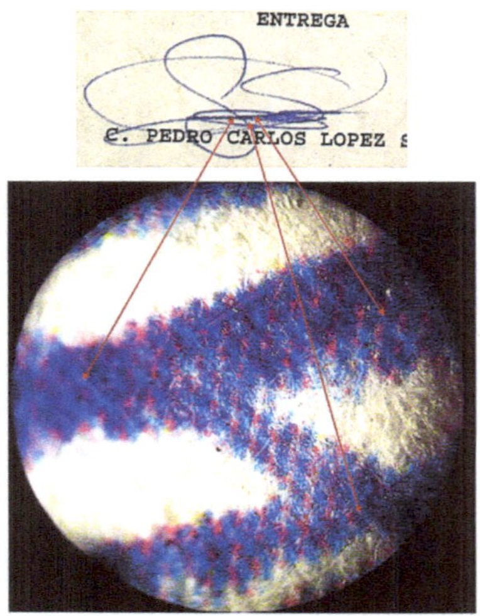

FOTOGRAFÍA CON AUMENTO EN EL MICROSCOPIO

20x (x) 100

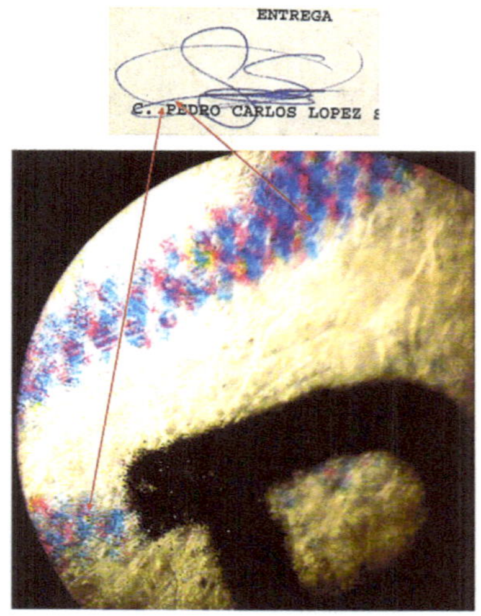

AL FINAL DEL ESTUDIO PERICIAL, CONCLUÍ DE LA SIGUIENTE FORMA:

CONCLUSIÓN DEL PERITAJE

La firma dubitada que se encuentra plasmada en la segunda hoja parte media izquierda debajo de la palabra entrega y sobre el nombre C. PEDRO CARLOS LÓPEZ S. del documento denominado acta de entrega que se encuentra visible a fojas 97 de los autos, no fue suscrita ni pertenece al puño y letra de la persona que al realizar muestras de escritura y firmas ante la fe de la secretaria del H. Tribunal en que se actúa, dijo ser y se identificó como el C. PEDRO CARLOS LÓPEZ S., ni de ninguna otra persona, porque fue impresa utilizando una computadora y una impresora de inyección de tinta a color.

Dicha firma, fue falsificada por el método de falsificación por calco utilizando una computadora y una impresora de inyección de tinta a color.

GLOSARIO

ACCIONES.- Apertura de un proceso mediante demanda ante un Juez jurisdiccional, ejercitando una de las variadas acciones civiles o derechos reconocidos por el ordenamiento civil o mercantil.

ACTOR.- Parte demandante en un proceso judicial.

ALINEAMIENTO BÁSICO.- Es la colocación de los elementos (grammas o letra) de una palabra que tienen respecto a un recta de referencia, que va del punto más bajo de las letras de izquierda a derecha y hasta el último elemento de la palabra, sin tomar en cuenta las rebasantes, es decir, se toma en consideración la primera letra con la última letra.

ALTERACIÓN (DEFINICIÓN PERSONAL).- Transformación material de un documento legítimo en alguna de sus partes al agregarle o quitarle palabras, cifras, números, etcétera, de modo que el documento exprese o atestigüe cosas distintas de las que expresaba o atestiguaba en su estado primitivo, con la finalidad de modificar el sentido del mismo y forzar a una persona a realizar una obligación sin su voluntad.

ALTERACIÓN POR AGREGADO.- Transformación material de un documento legítimo, al agregar letras, cifras, números, o líneas a una escritura original.

ALTERACIÓN POR BORRADO CON GOMA DE LÁPIZ.- Transformación material de un documento legítimo en alguna de sus partes al quitarle palabras, cifras, números, etcétera, usando una goma de lápiz o bolígrafo y posteriormente agregarle otra escritura.

ALTERACIÓN POR LAVADO QUÍMICO.- Transformación material de un documento legítimo en alguna de sus partes al quitarle palabras, cifras, números, etcétera, usando algún líquido químico como la acetona y posteriormente agregarle otra escritura.

ANGULOSIDAD.- Esta se toma sacando un promedio de formas que presente la escritura a analizar, predominio del ángulo sobre la curva.

ÁREAS DE BRODMANN.- de acuerdo al neurólogo alemán Korbinian Brodmann, la corteza cerebral en el humano se encuentra dividido por 52 áreas o regiones, y cada una tiene una función diferente.

BOLÍGRAFO DE GEL.- La tinta gel de los bolígrafos es aquella en la que los pigmentos y colorantes se encuentran suspendidos en una solución acuosa con consistencia gelatinosa. La tinta gel es más opaca, densa y cubriente que la tinta basada en aceite. Los trazos de un bolígrafo con tinta gel son más visibles y nítidos (respecto a la tinta viscosa de aceite). Además se ve mejor en superficies oscuras o deslizantes. Las cualidades de la tinta gel son especialmente útiles para dibujantes, ilustradores, caligrafiadas, etc.

BOLIGRAFO DE TINTA DE ACEITE.- Actualmente, el bolígrafo es uno de los instrumentos de escritura más utilizados por la mayoría de las personas en el mundo, dado su bajo valor económico y la firmeza de sus trazos. Se llama bolígrafo porque proviene de la palabra "**boli**" de bolilla y "**grafo**" de escritura.El bolígrafo es uno de los instrumentos de escritura más populares que utilizamos las personas para escribir o también para dibujar, y que se caracteriza por disponer de un depósito de tinta y una bolilla de metal en su punta, la cual, al entrar en contacto con el papel, gira para liberar justamente la tinta de modo paulatino, con fluidez y constancia.

BOLÍGRAFO ROLLERBALL.- El bolígrafo roller, mejor conocido como rollerball, es un instrumento escritural introducido en el mercado en 1963, por la compañía nipona Ohto. Su nombre surgió de la necesidad de diferenciarlo del bolígrafo tradicional y en la búsqueda de crear un instrumento de punta fina y que se desliza de manera suave sobre el papel. El bolígrafo roller o rollerball responde a avances tecnológicos. Utiliza mecanismos de escritura de bola con tinta líquida o gelificada a base de agua. El punto de escritura es una pequeña bola, generalmente de 0,5 o 0,7 mm de diámetro, que transfiere la tinta al papel a medida que se mueve la pluma. Su tinta es espesa y gruesa.

CAJA DEL RENGLÓN DE LA ESCRITURA.- Esta comprende de la parte inferior (base de las letras) con la parte superior de las mismas, sin tomar en consideración las rebasantes superiores e inferiores

CALCO.- Es la reproducción total o parcial de una firma o escritura teniendo como modelo un documento original, ya sea con papel carbón u otros medios.

CALIDAD O TENSIÓN DE LÍNEA.- Firmeza con la que se trazan las letras o escritura.

CARACTERISTICAS GENERALES.- Son los automatismos fijados en el subconsciente. Se refieren a la forma en que el individuo al realizar la escritura se posesiona del documento, guardando márgenes y demás formas de sus trazos.

CEREBRO, CAJA Y ARCHIVO DE LETRAS.- De acuerdo a Dehaene Stanislas, existe una región del cerebro que almacena la escritura que la persona le envía al mismo desde que tiene conocimiento de la misma. La "Caja de letras del cerebro" localizada en la región occipito temporal izquierda identifica la forma visual de los hilos de las letras.

CIENCIA.- Rama del saber humano constituida por el conjunto de conocimientos objetivos y verificables sobre una materia determinada que son obtenidos mediante la observación y la experimentación, la explicación de sus principios y causas y la formulación y verificación de hipótesis y se caracteriza, además, por la utilización de una metodología adecuada para el objeto de estudio y la sistematización de los conocimientos.

CLASE DE PERITOS.- a.- Peritos nombrados por las partes; b.- Peritos nombrados por la autoridad judicial (auxiliares de la administración de la justicia o terceros en discordia).

CONCLUSIÓN.- Es la terminación de un trabajo en la que se dictamina el resultado del estudio pericial realizado (en este libro en materia de grafoscopía y/o documentoscopía).

CONGRESO.- Conferencia en que los miembros de una asociación, cuerpo, organismo o profesión, entre otras, se reúnen para debatir cuestiones previamente fijadas.

CONTESTACIÓN A CUESTIONARIOS.- Es la respuesta que el perito da a las preguntas formuladas en un ofrecimiento de pruebas una vez realizado el estudio pericial.

CONTRATO.- Acuerdo, generalmente escrito, por el que dos o más partes se comprometen recíprocamente a respetar y cumplir una serie de condiciones.

CUESTIONARIO PERICIAL.- Preguntas formuladas en un ofrecimiento de pruebas, por medio de las cuales, el oferente determina cual es el objeto del peritaje.

DECIRLE AL JUZGADOR.- Presentar el perito un dictamen pericial sin mostrar ilustraciones o indicaciones precisas.

DEFINICIÓN.- Fijar con claridad, exactitud y precisión, el significado de una palabra, la naturaleza de una persona o una cosa.

DEMOSTRAR AL JUZGADOR.- Presentar el perito un dictamen pericial con ilustraciones e indicaciones precisas y comprobables sobre un dictamen pericial que se le encomendó.

DIPLOMADO.- Curso de corta o mediana duración, generalmente dictado por una Universidad o Institución de Educación Superior, que tiene el propósito de enseñar, complementar o actualizar algún conocimiento o habilidad específica.

DIRECCIÓN.- En la escritura de renglones se da en relación con los márgenes superior e inferior.

DIRECCIÓN DE LAS FIBRAS DEL PAPEL.- Las fibras del papel no aparecen en direcciones aleatorias, sino que la mayor parte de ellas se alinean en un sentido determinado. Este sentido le es conferido al papel durante el proceso de fabricación.

DISCIPLINA.- Conjunto de reglas o normas cuyo

cumplimiento de manera constante conducen a cierto resultado.

DOCUMENTO.- El documento es todo aquello que nos trasmite un mensaje ya sea escrito, grabado, fotografiado, fotocopiado, impreso, videofilmado, microfilmado o manuscrito, entre otros.

DOCUMENTO CUESTIONADO.- Es aquel documento que se considera contiene un problema de escritura o firma dubitada, alteración o falsificación y que es el motivo principal del peritaje.

DOCUMENTOSCOPÍA.- La documentoscopía es la técnica que trata de establecer, mediante una metodología propia, la autenticidad de escritos y documentos y determinar, cuando sea posible, la identidad de sus autores. La documentoscopía se ocupa del examen de documentos a efecto de dictaminar respecto de su autenticidad o determinar las posibles alteraciones de que haya sido objeto. Personalmente considero que si se utilizan aparatos especiales o microscopio en el estudio, por lo que se puede definir a la documentoscopía como CIENCIA QUE ESTUDIA LOS DOCUMENTOS CUESTIONADOS.

DOCUMENTOSCOPÍA EN MATERIA PENAL.- En materia penal, la documentoscopía forma parte de la CRIMINALÍSTICA, y se le denomina como **documentoscopía forense.**

DUBITADA.- Aquella escritura o firma, que se considera existe duda de que la persona a la que se atribuye la haya suscrito, o que un documento sea original.

ENLACES INTERGRAMATICALES.- Espacios que

existen entre letra y letra o gramma y gramma.

ENLISTADO DE ESCRITURA O FIRMAS.- Presentación en el escrito pericial que tiene como objetivo demostrar y ubicar con fotografías al juzgador, de cada una de la escritura o firmas dubitadas e indubitadas en forma progresiva de acuerdo a como se encuentren dentro del expediente.

ESCRITURA.- Es un sistema gráfico de representación de una lengua, por medio de signos trazados o grabados sobre un soporte plano.

ESCRITURA EN DIVERSOS DOCUMENTOS.- La escritura se puede realizar sobre documentos de diferentes materiales como pueden ser papel, piedra, paredes de cuevas, arcilla, cerámica, madera, tablillas de cera, corteza de árboles, huesos, metales, papiro, pergamino y otros materiales en donde se pueda realizar escritura.

ESCRITURA EN DOCUMENTOS NOTARIALES.- Esta clase de escritura es muy diferente a todas las demás, en virtud de que la escritura se realiza en una hoja y posteriormente por medio de líquido gel, lo escrito se pasa al libro correspondiente, por lo general con tinta morada o lila.

ESCRITURA MANUSCRITA.- Es la escritura que se realiza en forma manual.

ESCRITURA MECANOGRÁFICA.- Es la escritura que se realiza utilizando máquinas mecanográficas de tipos y que pegan directamente en el papel, pueden ser manuales o eléctricas. Hasta antes de la las impresoras por computadora, era el sistema más utilizado en el mundo.

ESCRITURA EN SERIGRAFÍA.- La serigrafía es una

técnica de impresión empleada en el método de reproducción de documentos e imágenes sobre cualquier material, y consiste en transferir una tinta a través de una malla tensada en un marco, el paso de la tinta se bloquea en las áreas donde no habrá imagen mediante una emulsión o barniz, quedando libre la zona donde pasará la tinta.

ESCRITURA POR IMPRESORAS.- Es la escritura que se realiza utilizando computadoras, pudiendo ser por medio de impresoras ya sea de inyección de tinta o de láser, ambas a color o blanco y negro. Actualmente es el sistema más utilizado en impresión de escritos.

ESPACIOS INTERLINEALES.- Espacios que se observan entre palabra y palabra.

ESTRUCTURACIÓN DEL MARCO TEÓRICO.- En esta parte del escrito pericial, es muy importante tener en consideración, cuál es el marco teórico que vamos a tomar en cuenta para llegar a nuestro estudio pericial y ello es de acuerdo al problema que vamos a resolver, debiendo describir las definiciones de aquellas materias que se aplicarán al peritaje. Si se utilizan palabras técnicas, también debemos definirlas al juzgador con la finalidad de que no tenga dudas de lo que se dictamina.

ESTUDIO COMPARATIVO.- Estudio que se efectúa entre una escritura o firma dubitada contra la escritura o firma indubitada después de realizar el estudio grafoscópico de cada una, con la finalidad de dictaminar el resultado y conclusiones finales.

ESTUDIO PERICIAL.- Esta parte del dictamen es la más importante y la base fundamental del dictamen pericial, en este punto se resolverá el fondo del asunto, realizando un estudio profundo gráfico de todos los elementos dubitados e indubitados que se tienen, tratando de indicar lo más perfecto y científico el estudio que se realiza. Se demostrará si existen falsificaciones o no, si existen alteraciones o no y en caso positivo en qué consisten y porqué llegamos a esa dictaminación, y en fin, se tiene que indicar e ilustrar lo más perfecto que se pueda al juzgador de lo que se encontró en el estudio.

EXCEPCIÓN.- Medio de defensa, de fondo y de forma, por el cual el demandado opone resistencia a la demanda del actor.

EXPERTO.- Persona que tiene conocimientos en alguna rama del saber.

EXPLICACIÓN DE CÓMO SE VA A REALIZAR EL ESTUDIO.- Una vez que ya se tienen los elementos del problema planteado y del problema a resolver, se dirá al juzgador como se realizará el estudio pericial.

FALSIFICACIÓN.- Transformar algo verdadero en algo falso o crear algo con apariencia de verdadero sin serlo.

FALSIFICACIÓN DE FIRMA.- Es el acto consistente en la creación o modificación de una firma con el fin de hacerla parecer como verdadera.

FALSIFICACIÓN LIBRE O POR IMITACIÓN.- Falsificación que se realiza, cuando el falsificador tiene a la vista la escritura o firma que se trata de imitar tratando de reproducirlas lo más fielmente posible.

FALSIFICACIÓN POR SIMULACIÓN.- Es cuando el propio autor de una escritura o firma, intenta modificar, variar o disimular voluntariamente su escritura o su firma.

FALSIFICACIÓN POR INVENCIÓN DE TRAZOS.- Cuando no se cuenta con un modelo de escritura o firma a falsificar y se procede a inventar la escritura o firma.

FE PÚBLICA.- Es la calidad que el Estado otorga a una serie de personas en virtud de la cual se consideran ciertos y veraces los hechos que reflejan.

FIBRAS DEL PAPEL.- Son el componente básico del papel, suelen proceder principalmente de la madera pero también de plantas como el cáñamo y el algodón. La dirección de la fibra es la causante de que sea más fácil cortar, doblar y encuadernar una hoja de papel que si lo hacemos a favor de dicha dirección ("a fibra") que si lo hacemos en contra ("a contrafibra").

FIRMA.- Es el grupo de trazos que escoge libremente un individuo para identificarse con los demás.

De acuerdo al criterio de la Tercera Sala de la Suprema Corte de Justicia de la Nación, dentro del juicio de amparo Directo 435/57, debe entenderse por firma:

"La firma puede estar constituida por los caracteres, signos o nombres que use o estampe determinada persona en un documento para obligarse a responder del contenido de ese documento o para hacer constar que ha decidido alguna cosa".

FIRMA DUBITADA.- Aquella firma en que existe la duda si pertenece y proviene del puño y letra de la persona a la cual se le atribuye. Son las firmas que se plasman sin la presencia de alguna persona que tenga fe pública para darles valor legal.

FIRMA ILEGIBLE.- Aquella firma en que no se identifica

ningún elemento escritural, también llamada "rúbrica o garabato".

FIRMA INDUBITADA.- Se llama así a la firma que se suscribe ante una persona que de acuerdo a la ley tenga fe pública, para validar que la firma fue plasmada por la persona a la que se le atribuye la misma, es decir, no existe duda a quién pertenece.

FIRMA LEGIBLE.- Aquella firma en que se puede leer perfectamente el nombre y apellidos de la persona que la plasmó.

FIRMA SEMILEGIBLE.- Aquella firma en que se identifica al menos un elemento escritural del nombre o apellidos de la persona que la realizó.

FONDO DEL PERITAJE.- Lo que el perito tiene que dictaminar, se encuentra supeditado al problema que se le plantea.

FORMA DEL PERITAJE.- La forma de cómo dar respuesta a un dictamen pericial, se encuentra supeditada al problema que se le plantea al perito.

FORMAS DE DICTAMINAR UN PERITAJE:

DECIRLE al juzgador el resultado del estudio realizado.

DEMOSTRAR al juzgado el resultado del estudio realizado.

FOTOCOPIADORA.- Máquina que se utiliza para fabricar copias de papel a papel, por medio de polvo tóner.

FOTOGRAFÍA EN MICROSCOPIO.- Fotografía en que se utiliza un microscopio con la finalidad de acercar el objeto y dar más claridad a la ilustración del peritaje.

GRAFOSCOPÍA.- La grafoscopía se deriva de los

vocablos griegos Graphos = Escritura Skopein= Estudio, examen, observación. Por lo anterior, la grafoscopía estudia la escritura manuscrita.

GRAFOSCOPÍA EN MATERIA PENAL.- En materia penal, la grafoscopía forma parte de la CRIMINALÍSTICA, y se le denomina como grafoscopía forense.

HABILIDAD ESCRITURAL.- Esta característica presenta relación con la velocidad, sin que por ello puedan existir escrituras lentas que tengan gran habilidad.

IMPORTANCIA DEL PERITAJE.- El perito tiene en sus manos y sus habilidades el que una persona o personas inocentes no resulten dañadas en su patrimonio o su libertad, o bien, conservar sus bienes y su libertad.

IMPRESORA DE MATRIZ DE PUNTOS.- La impresora matricial o impresora de matriz de puntos es un tipo de impresora con la cabeza de impresión que se desplaza de izquierda a derecha imprimiendo sobre la página por impacto, oprimiendo una cinta de tinta contra el papel, de forma similar al funcionamiento de una máquina de escribir. Al contrario que las máquinas de escribir o impresoras de margarita, las letras son obtenidas por selección de puntos de una matriz, y por tanto es posible producir distintos tipos de letra, y gráficos en general. Por la presión mecánica que requiere la impresión, estas impresoras pueden crear copias carbón.

IMPRESIONES POR IMPRESORA DE COMPUTADORA DE INYECCION DE TINTA.- La tecnología de inyección de tinta consiste en un método en el cual el cabezal de impresión no toca el papel, la tinta es expulsada por unas boquillas que se encuentran en el cabezal. Este cabezal recorre el papel de lado a lado gracias a un motor que lo desliza lentamente dentro de la impresora, mientras que otro pequeño motor va pasando el papel hacia delante de forma vertical. Una franja del papel se imprime y a su vez avanza para continuar con la siguiente franja, el cabezal ahorra tiempo ya que no solamente imprime de manera horizontal una línea de pixeles, sino también otra de forma vertical; la tinta es absorbida de unos cartuchos que contienen uno tinta color negro, otro tinta azul, uno más con tinta color amarillo y otro con tinta color rojo.

IMPRESIÓN POR IMPRESORA DE COMPUTADORA DE LASER.- El sistema de impresión de las impresoras láser en color es muy semejante al funcionamiento de la fotocopiadora, ambas utilizan la electricidad estática. Dicho de otra forma, el haz del láser se aplica en el tambor fotoeléctrico, el cual se queda cargado de forma eléctrica por los puntos que ha marcado el láser. Este proceso de carga eléctrica se produce por cada color, una vez para el cyan, otra para el magenta, otra para el yellow y la última para el negro, es decir, se carga eléctricamente, cuatro veces, una para cada color. Más tarde interviene el tambor que pasa a los tóneres que tienen el pigmento de color y disponen de carga positiva, lo que hace se transmitan los pigmentos hasta al tambor en las zonas que fueron cargadas de forma eléctrica por el láser, gracias a la energía electrostática. Finalmente pasa la impresora con el papel, este pasa por el tambor imprimiendo la imagen o texto.

IMPRESIÓN POR OFFSET.- Método de impresión que consiste en aplicar una tinta (generalmente oleosa) sobre una plancha metálica, compuesta generalmente de una aleación de aluminio.

INDUBITADA.- Escritura o firma en que no existe duda que la plasmó la persona a quien se le atribuye.

JUICIO.- Discusión jurídica entre las partes intervinientes y cuya difusión y resolución se somete al conocimiento de un juez o tribunal, capacitado especialmente para resolver sobre la cuestión.

JUICIO ORAL.- Es un procedimiento en que el juez o jueces no conocen los casos, sino hasta el día de la audiencia.

JUZGADOR.- Persona autorizada y nombrada por el Estado para administrar justicia.

LÁPICES CON PUNTA DE GRAFITO.- El lápiz o lapicero, es un instrumento de escritura o dibujo que consiste en una mina o barrita de grafito y una grasa o arcilla especial, que también puede ser de pigmento coloreado de carbón o leña y se encapsulan por lo general en un cilindro de madera fina o en envolturas de papel o plásticas.

LEY.- Conjunto de normas jurídicas que regulan la conducta externa del hombre en sociedad y en cumplimiento de las mismas puede hacerse uso de la fuerza pública del Estado.

LEYES DE LA ESCRITURA.- Escritas por el perito francés SOLANGE PELLAT, en el año 1927, que constan de diez leyes que son independientes del alfabeto utilizado y válidas para todos los idiomas.

LEY DEL MENOR ESFUERZO.- Se refiere a las personas mayores que por la edad o una enfermedad, escriben formas gráficas que les son más fáciles de realizar, cambiando aquellas que le son más difíciles de escribir.

LITIS.- Disputa o controversia judicial.

MAGISTRADO.- Juez que forma parte de un órgano colegiado o tribunal, haciendo mención a un rango superior dentro de la jerarquía judicial. También se les conoce como jueces de segunda instancia.

MANUSCRITA.- Escritura que se hace utilizando bolígrafo de tinta de aceite, bolígrafo de gel, bolígrafo rollerball, plumas estilográficas o fuentes, lápices con punta de grafito, o cualquier otro útil inscriptor.

MÁQUINAS DE ESCRIBIR.- Dispositivo mecánico o electrónico, con un conjunto de teclas (llamadas tipos) que, al ser presionadas, imprimen caracteres en un documento normalmente papel, con la característica que al escribir con impacto, se pueden obtener copias carbón. Antes de la utilización de impresoras de computadora era utilizada mundialmente.

LOS DOCUMENTOS.- Los documentos no están fabricados únicamente como se conoce en papel, sino que como dice la definición "son cualquier tipo de soporte y estos pueden ser como se ha dicho en el tema de la escritura, que pueden ser de: piedra, paredes de cuevas, arcilla, cerámica, madera, tablillas de cera, corteza de árboles, huesos, metales, papiro, pergamino y otros materiales en donde se pueda realizar escritura".

MATERIAL UTILIZADO.- Parte del peritaje en que el perito le informa al juzgador que material utilizó para hacer la ilustración e indicaciones en el escrito pericial.

MICROSCOPIO.- Instrumento óptico para ampliar la

imagen de objetos o seres, o detalles de estos, tan pequeños que no se pueden ver a simple vista; consta de un sistema de lentes de gran aumento.

MINISTRO.- Forma parte de la Suprema Corte de Justicia de la Nación de México que es la autoridad del sistema judicial.

MOTAS.- En ocasiones, alguna parte de la bolita del bolígrafo tiene algún desperfecto y al escribir expulsa gotitas microscópicas al lado de las líneas, lo que ayuda en algunas ocasiones a conocer si se utilizaron diferentes útiles inscriptores en un escrito.

NÚMERO DE MOMENTOS GRÁFICOS.- Se cuentan desde que el útil inscriptor toca el soporte, hasta que se despega, pudiendo existir varios en una sola palabra.

OBJETIVO DE LA GRAFOSCOPÍA.- Realizar un estudio grafoscópico para dictaminar:

a.- Si la escritura o firma plasmada en un documento pertenece o no al puño y letra de la persona a quien se le atribuye;

b.- Cuál es el origen gráfico de una escritura o de una firma;

c.- Si la escritura plasmada en un documento, fue llenado por el puño y letra de una misma persona o intervinieron varias.

OBLIGACIÓN.- Relación jurídica en virtud de la cual una parte debe observar una prestación que puede consistir en dar, hacer o no hacer, en interés de otra parte y cuyo incumplimiento acarrea consecuencias.

OBLIGADO.- Persona que se compromete a cumplir

una prestación de dar, hacer o no hacer.

ORNAMENTACIÓN.- Esta característica se evalúa tomando en consideración la estilización de los inicios o los remates.

PAGARÉ.- Documento que extiende y entrega una persona a otra mediante el cual contrae la obligación de pagarle una cantidad de dinero en la fecha que figura en él.

PAPEL.- Hoja delgada hecha con pasta de fibras vegetales obtenidas de trapos, madera, paja, etc., molidas, blanqueadas y desleídas en agua, que se hace secar y endurecer por procedimientos especial.

PAPEL CARBÓN, TAMBIÉN LLAMADO PAPEL PASANTE.- Es una lámina que permite reproducir copias simultáneamente al utilizar máquinas de escribir, impresoras de impacto o simplemente escritura manuscrita, trae impregnada tinta, cera o carbón (de ahí el nombre papel carbón) por una de sus caras, la que se traspasa a una nueva hoja bajo la presión que ejerce la máquina de escribir o el lápiz, al colocar el papel de calco entre la hoja original y la hoja donde se hará la copia. Dado que la escritura actúa bajo presión, no es útil para realizar demasiadas copias.

PARTICULARIDADES MORFOLÓGICAS (también conocidas como morfología de la escritura, particularidades gráficas, gestos tipo, gestos gráficos, automatismos o idiotismos).- Son signos relacionados con los elementos estructurales propios de cada letra o gramma de una persona.

PARECIDO GRÁFICO.- Es el manera de señalar la existencia de similitudes gráficas encontradas entre una escritura o firma dubitada con la escritura o firma indubitada.

PERITAJE.- Personalmente defino al peritaje en la siguiente forma: Es el informe detallado, demostrativo y comprobable que un experto en materia de grafoscopía y documentoscopía rinde al juzgador sobre el resultado obtenido en el estudio realizado del problema que se le planteó.

PERITO.- Persona experimentada, hábil o entendida en una ciencia o arte.

PLUMAS ESTILOGRÁFICAS O FUENTES.- Instrumento de dibujo técnico y escritura que contiene un depósito de tinta líquida compuesta principalmente de agua. La tinta permanece dentro del depósito, debido a la presión atmosférica, y alimenta el plumín (la pieza en contacto con el papel) por capilaridad (los líquidos viajan desde un conducto ancho hacia uno estrecho, una ley de la física).

PRESIÓN MUSCULAR.- Es la fuerza con que se ejerce el útil inscriptor sobre el soporte. Se estudia en la presencia de trazos apoyados, sutiles o cuando los hay carentes de matices. Puede ser apoyada, media y sutil o débil. En la apoyada, se pueden observar motas.

PRINCIPIOS DE LA ESCRITURA.- Establecidos por el perito FÉLIX DEL VAL LATIERRO en el año 1956, conocidos también como decálogo o principios de la escritura.

PROBLEMA PLANTEADO.- Parte esencial del peritaje en que la parte oferente de la prueba pide cual es la materia motivo del peritaje, y por medio de un cuestionario cuáles son los puntos que se deberán resolver.

PROBLEMA A RESOLVER.- Una vez que se ha analizado cual es el problema que se ha planteado, se tiene que meditar pericialmente cuál va a ser el sistema adecuado y qué elementos vamos a tomar en cuenta para demostrar el resultado analizado.

PROMEDIO DE INCLINACIÓN.- Se calcula de acuerdo o considerando su eje vertical (no se expresa en número, ni en grados).

PROPORCIÓN DIMENSIONAL.- En grafoscopía se refiere al tamaño o dimensión que guarda la escritura, variando de persona a persona y en función de la edad, habilidad escritural, o la disponibilidad del espacio.

PRUEBA.- Actuación procesal por la que las partes en un juicio intentan acreditar los hechos aducidos en una demanda o contestación a la demanda para convencer al juzgador la veracidad de éstos.

PRUEBA PERICIAL.- Medio de prueba fundado en la técnica y la ciencia que se concreta a través de la actuación de peritos ello en virtud de que el juzgador no puede ser un especialista en todas las ramas del saber humano, será entonces asesorado e ilustrado por peritos, por conocedores de las diversas materias del conocimiento humano.

PUÑO Y LETRA DE UNA PERSONA.- Se dice a la persona que realiza una escritura o firma.

RESPONSABILIDAD DEL PERITO.- Existe responsabilidad civil o penal en el perito si no emite su dictamen dentro del término de ley.

RESULTADO DEL ESTUDIO PERICIAL.- Es la indicación del resultado del estudio pericial.

SIGNOS DE FALSIFICACIÓN Y FALSEDAD.- Temblor en los trazos; paradas innecesarias; retoques; repasos; presión uniforme; residuos de trazos subyacentes; surcos sin escritura;

mala interpretación de los trazos; borrados (en calcos); desgaste de la maza del papel; desprendimientos de las fibras del papel; camuflados (coloca sellos, engrapa, perfora, dobla la hoja, etc.); lentitud de ejecución.

TÉCNICA.- Conjunto de procedimientos, materiales o intelectuales, aplicados en una tarea específica, con base en el conocimiento de una ciencia o arte, para obtener un resultado determinado.

TOMA DE MUESTRAS DE ESCRITURA.- Es el acto en que los peritos tienen el derecho de exigir que la persona a la que se atribuye la escritura o firma dubitada realice modelos de la escritura o firmas necesarias para poder realizar un estudio comparativo entre ellas y la escritura o firma dubitadas y poder dictaminar lo que resulte.

TILDE.- Línea que cruza una línea de una letra.

TRIBUNAL.- Lugar destinado a los jueces para la administración de justicia y el dictado de sentencias.

ÚTILES INSCRIPTORES.- El útil inscriptor es el instrumento u objeto con el que se suscribe un documento, pudiendo ser lápiz, bolígrafo, pluma fuente, lapicero, con punta de fierro, lápiz labial, los dedos, etc. Entre los más utilizados se encuentran el bolígrafo de tinta de aceite, bolígrafo de gel, bolígrafo rollerball, plumas estilográficas o fuentes, lápices con puntas de grafito, portaminas.

VELOCIDAD DEL TRAZADO.- Es la rapidez o velocidad que imprime la persona al realizar su escritura. Se puede determinar la rapidez en el trazado de la escritura, cuando esta no presenta detenciones, los espacios entre letras son amplios y su realización es poco cuidada. Las tildes y los acentos están adelantados, si es precipitada no coincidirán con sus letras y se ubicarán los tildes y los acentos sobre las letras. Los espacios se amplían y las terminaciones son discontinuas o filiformes. Si la velocidad es lenta, existen detenciones, en ocasiones aparecen retoques, los espacios entre letras son casi regulares o uniformes, las tildes y los acentos se encuentran correctamente ubicados.

BIBLIOGRAFÍA

- IV Congreso Internacional de Documentos Cuestionados, 21 noviembre de 2007, Ciudad de Mendoza, Argentina. Perito Calígrafa de Argentina Martha Pedernera.
- Brodmann's 'Localisation in the Cerebral Cortex'. Brodmann Korbinian, Gordon Smith. Londres, Reino Unido, 1909/1994. ISBN 1-85463-028-8. Traducción al ingles por Laurence Garey de la versión en alemán. Disponible en: https://es.slideshare.net/JuAnJoSePabonVR/korbinian-brodman-52-areas-del-cerebro
- Curso de Actualización Pericial PGJ-Chiapas 2003. Antecedentes Históricos de la Escritura. Academia Mexicana de Ciencias Periciales, S.C., Ponente: Lic. Carlos Francisco Jiménez Del Prado Cargado por Ichm. Disponible en: https://es.scribd.com/doc/14745622/GRAFOSCOPIA-Y-DOCUMENTOSCOPIA
- Diccionario de la lengua española. Real Academia Española. Edición del Tricentenario. Actualización 2019. Disponible en: https://dle.rae.es/?w=papel
- Diccionario Jurídico Mexicano (1994). Suprema Corte de Justicia de la Nación.
  (Escrito por Santiago Barajas Montes de Oca). Disponible en: https://mexico.leyderecho.org/peritaje/
- Diplomado en Criminalística, Módulo: Grafoscopía

y Documentoscopía. Centro de Estudio Superiores de Jalisco. CEDE JALISCO. Disponible en: https://studylib.es/doc/8398941/www.cedejal.com-tel.--0133--3826.2685

- Documentoscopía, en Estudios de Policía Científica, División de Formación y Perfeccionamiento de la D.G.P., Ministerio del Interior, 1994. Francisco Méndez Baquero. Disponible en: http://grafologiauniversitaria.com/DOCUMENTOSCOPIA.htm
- Enciclopedia Jurídica. Edición 2020. Disponible en: http://www.enciclopedia-juridica.com/d/prueba/prueba.htm
- Evolución de la Serigrafía. Publicado por Unknown en 15:06. Sábado, 11 de agosto de 2012. Disponible en:https://evoluciondelaserigrafia.blogspot.com/2012/08/algunos-productos-que-se-pueden.html
- Grafocrítica, el documento, la escritura y su proyección forense. Felix Del Val Latierro. Tecnos 1956 y 1963.
- Grafoscopía y Documentoscopía. Criminalística en línea. Derechos reservados de Consuelo Benítez S. Junio 08, 2017. Disponible en: https://criminalisticaenlinea.blogspot.com/2017/06/grafologia-y-documentoscopia.html
- Les lois de l´escriture. Edmund Solange Pellat. París, Francia. Libraire Vuibert,1927".
- Léxico de arte. Rosina Lajo Pérez. (1990). Madrid -España: Akal. Disponible en: https://books.

google.es/books/about/L%C3%A9xico_de_arte.html?id=riUcu5H9zVMC

- Reading in the Brain. Stanislas Dehaene. (2009). Estados Unidos: Penguin Viking. (traducción libre). Disponible en: http://cnbguatemala.org/wiki/Aprendizaje_de_la_Lectoescritura/Parte_I._La_lectura/El_cerebro_y_la_lectoescritura
- Teoría General de la Prueba. Tomo II. Hernando Devis Echandía. Año 2005. Bogotá, Colombia: Temis S.A. Disponible en: https://mx.search.yahoo.com/yhs/search?hspart=adk&hsimp=yhs-adk_sbyhp&p=Devis+Echand%c3%ada%2c+Hernando+(2005).+%c2%abII%c2%bb.+Teor%c3%ada+General+de+la+Prueba.+Bogot%c3%a1+-+Colombia%3a+Temis+S.A.+p.+25¶m2=db7edcb4-3ecb-197c-4a71-a22d0c1596d6¶m3=converter~MX~romb¶m4=gsmxco03~Chrome~Devis+Echand%c3%ada%2c+Hernando+(2005).+%c2%abII%c2%bb.+Teor%c3%ada+General+de+la+Prueba.+Bogot%c3%a1+-+Colombia%3a+Temis+S.A.+p.+25¶m1=20190819&type=
- Tratado de Documentoscopía. La falsedad documental. José Del Picchia. Celso Del Pichhia. La Rocca, Buenos Aires, 1993. Disponible en:http://grafologiauniversitaria.com/DOCUMENTOSCOPIA.htm
- Tratado de Grafoscopía y Grafometría. Javier Orellana Ruiz. México: Editorial Diana, 1975. Pag. 48-65. Disponible en:

SITIOS DE INTERNET DE DEFINICIONES

- Definición de bolígrafo. Autor: Florencia Ucha | Sitio: Definición ABC | Fecha: mayo. 2013 | URL. Disponible en: https://www.definicionabc.com/general/boligrafo.php
- Definición de bolígrafo en gel. Disponible en: https://papeleria-tecnica.net/tinta-gel/
- Definición de bolígrafo rollerball. Disponible en: https://escueladedibujo.com/boligrafos-roller/
- Definición de calco. Disponible en: https://www.lexico.com/es/definicion/calco
- Definición de Clasificación de la gradación de lápices. Sistema europeo. Disponible en: https://www.coursehero.com/file/p6r8e8u/Muchos-l%C3%A1pices-en-el-mundo-y-casi-todos-en-Europa-se-clasifican-con-el-sistema/
- Definición de documentoscopía. Bufete Jurídico Reffréger Alonso. Disponible en: http://www.reffreger.com.mx/periciales.htm
- Definición de escritura: Cargado por Andy Andreina Fontalvo Colmenares. Disponible en: https://es.scribd.com/document/95811162/La-escritura-es-un-sistema-grafico-de-representacion-de-una-lengua.
- Definición de fibras de papel. Disponible en: https://www.cevagraf.coop/blog/sentido-fibra-del-papel/
- Definición de impresiones con máquina de escribir. Disponible en: https://es.wikipedia.org/wiki/M%C3%A1quina_de_escribir#cite_note-1

- Definición de impresiones de inyección de tinta. Disponible en: https://www.cyberpuerta.mx/mini-guia-de-impresoras-inyeccion-de-tinta/?gclid=Cj0KCQjwivbsBRDsARIsADyISJ_sIpzKraro4IXJ2cSDPkoTqFR20DXU4NHQGDlgyb5Mn6RCz24JL-0aAtVdEALw_wcB
- Definición de impresiones de láser a color. Disponible en: http://www.digitalfotored.com/imagendigital/impresionlaser.htm
- Definición de impresiones de matriz de puntos. Disponible en: https://es.wikipedia.org/wiki/Impresora matricial
- Definición de impresiones por fotocopiadora. Disponible en: https://es.wikipedia.org/wiki/Fotocopia
- Definición de impresiones por papel carbón. Disponible en: https://es.wikipedia.org/wiki/Papel_carb%C3%B3n#cite_ref-1
- Definición de Lápiz con punta de grafito. Disponible en: https://es.wikipedia.org/wiki/L%C3%A1piz
- Definición de microscopio. Disponible en: http://www3.gobiernodecanarias.org/medusa/edublogs/ceiplasvegas/2015/11/09/el-microscopio/
- Definición de perito. Autores: Julián Pérez Porto y María Merino. Publicado: 2010. Actualizado: 2014. Disponible en: https://definicion.de/perito/
- Definición de pluma estilográfica. Disponible en:https://es.wikipedia.org/wiki/Pluma_estilogr%C3%A1fica

www.ingramcontent.com/pod-product-compliance
Lightning Source LLC
Chambersburg PA
CBHW061028100726
47911CB00001B/9